Green Finance und Green Investments

Chancen und Herausforderungen neuer Geschäftsmodelle

Bibliografische Information der Deutschen Nationalbibliothek:

Die Deutsche Nationalbibliothek verzeichnet diese Publikation in der Deutschen Nationalbibliografie; detaillierte bibliografische Daten sind im Internet über http://dnb.d-nb.de abrufbar.

Impressum:

Copyright © Studylab 2020

Ein Imprint der GRIN Publishing GmbH, München

Druck und Bindung: Books on Demand GmbH, Norderstedt, Germany

Coverbild: GRIN Publishing GmbH | Freepik.com | Flaticon.com | ei8htz

Inhaltsverzeichnis

Abkürzungsverzeichnis V

1 Einleitung 1
    1.1 Problemstellung und Zielsetzung 1
    1.2 Vorgehensweise und Aufbau der Thesis 2

2 Theoretische Grundlage 4
    2.1 Green Finance - Begriffsdefinition 4
    2.2 Historische Entwicklung von Green Finance 5
    2.3 Differenzierung von Kapitalanlagen 11

3 Green-Finance-Markt 14
    3.1 Akteure auf dem Green-Finance-Markt 14
    3.2 Anlageansätze 20

4 "Green Investments" für den Finanzsektor 24
    4.1 Bedeutung von "Grünen Investments" für die Finanzbranche 24
    4.2 Grüne Geschäftsmodelle 26
    4.3 Regulierung in Europa 32

4.4 Chancen für "Green-Finance" 38

4.5 Herausforderungen für den Green-Finance-Markt 43

5 Fazit **48**

6 Anhang **50**

Literatur- und Quellenverzeichnis **56**

Abkürzungsverzeichnis

BaFin	Bundesanstalt für Finanzdienstleistungsaufsicht
BVI	Bundesverbands der Investmentgesellschaften
COP 21	21. Weltklimakonferenz der Vereinten Nationen in Paris.
ETF	Exchange Traded Fund
ESG	Environmental, Social, Governance
ERM	Enterprise Risk Management
FDL	Finanzdienstleister
FSB	Financial Stability Board
GRI	Global Reporting Initiative
GSIA	Global Sustainable Investment Association
HSBC	The Hong Kong & Shanghai Banking Corporation Limited
IFC	International Finance Corporation
IFI	Internationale Finanzinstitutionen
ILO	Internationale Arbeitsorganisation
ICMA	International Capital Market Associationicma
IOSCO	Internationale Organisation der Wertpapieraufsichtsbehörden
KAGB	Kapitalanlagegesetzbuch
KfW	Kreditanstalt für Wiederaufbau

Abkürzungsverzeichnis

NGFS	Network for Greening the Financial System
OECD	Organisation für wirtschaftl. Zusammenarbeit u. Entwicklung
PRI	Principals Responsible Investment
RI	Responsible Investment
SASB	Sustainability Accounting Standards Board
SDGs	Sustainable Development Goals
SRI	Social Responsible Investment
TCFC	Task Force on Climate-Related Financial Disclosure

1 Einleitung

1.1 Problemstellung und Zielsetzung

Der Klimawandel findet statt! Dieser lässt sich anhand der Ergebnisse vieler Klimaforscher und Studien belegen.[1] – Tauende Gletscher, Gefährdung der biologischen Artenvielfalt oder vermutlich vermehrte Naturkatastrophen sind wenigen Folgen daraus.[2] Die globale Erwärmung verändert die Welt, in der wir leben. Seit der Industrialisierung haben sich die CO_2-Werte fast vervierfacht und für den globalen Kohlenstoffdioxid-Anstieg ist größtenteils der Mensch verantwortlich.[3] Trotz allem sehen viele Verbraucher nicht ein, ihren Konsum und Lebensstil einzuschränken[4], dabei könnten sie längst die Produktionsrichtung der Industrie bestimmen.[5] Sowohl die Gesellschaft als Ganze, wie auch die Politik und die Wirtschaft sind aufgefordert, eine Green Economy zu schaffen, „...eine Wirtschaftsweise im Einklang mit natürlichen Grenzen".[6] Durch das Pariser Klimaabkommen und Gipfeltreffen der UN im Jahr 2015 wurden die Meilensteine für eine grüne Wirtschaft gesetzt.[7] Für die Verwirklichung einer Green Economy sind enorme Investitionen notwendig. Akteure des Finanzsektors stehen daher vor großen Herausforderungen bzgl.

---

[1] Vgl. Schadwinkel, Alina (2017), https://www.zeit.de (abgerufen am 12.8.2019 - Dokument 42 der CD).
[2] O. V. (o. J.), https://www.umweltbundesamt.de (abgerufen am 11.8.2019 - Dokument 28 der CD).
[3] O. V. (o. J.), https://www.co2online.de (abgerufen am 12.8.2019 - Dokument 30 der CD).
[4] Vgl. Schäfer, Kristina (2019), S. 1.
[5] Vgl. Johannsen, Kai (2019a), S. 1.
[6] O. V. (2018), https://www.ecologic.eu (abgerufen am 13.8.2019 - Dokument 34 der CD).
[7] Vgl. Presse- und Informationsamt der Bundesregierung (2019), S. 1.

der Umsetzung des Klimaabkommens und der Bereitstellung der Geldmittel.[8] Finanzintermediäre werden besonders herausgefordert, denn die letzte Finanzkrise (2008) hat bei vielen Anleger Spuren hinterlassen. Vor diesem Hintergrund können Kreditinstitute die Gelegenheit nutzen das Vertrauen der Investoren durch ethisch-ökologisch vertretbaren Finanzanlagen zurückgewinnen – Green Finance ist das Schlagwort. Sie steht für die Finanzierung und Förderung von Umwelt- und Klimaprojekten, sowohl für private als auch öffentliche Investments.[9] Green Finance ist ein wichtiger Baustein für die Wiederherstellung eines klimafreundlichen Ökosystems und kann einen wesentlichen Beitrag zur Transformation hin zu einer nachhaltigen Gesellschaft leisten. Die vorliegende Bachelor Thesis soll erläutern ob, weshalb und in welchem Ausmaß Green Investments sinnvoll sind deren Bedeutung der für den Klimawandel gewonnen werden. Im Fokus der Untersuchung werden sich in erster Linie die ökologischen und nachhaltigen Kapitalanlagen der Finanzbranche befinden.

1.2 Vorgehensweise und Aufbau der Thesis

Angesichts des verlangten Umfangs des Themas wird eine Eingrenzung notwendig sein. Das Thema dieser Arbeit wird im Folgenden aus der aktuellen politischen Klimadebatte heraus so eingeschränkt, dass hier besonders die positiven Effekte von Green Finance als Strategie zur Förderung von nachhaltigen Produkten auf dem Finanzsektor aufgefasst werden. Die vorliegende Bachelorarbeit gliedert sich

---

[8] Vgl. Nicolas Mackel (2019), S. 1; Johannsen, Kai (2019b), S.1.
[9] Vgl. Berensmann, Kathrin/Lindenberg, Nannette (2016), https://www.econstor.eu (abgerufen am 27.7.2019 - Dokument 2 der CD).

in fünf Teile. In Kapitel 2 erhält der/die Leser/in eine kleine Einführung in die Entstehung und Bedeutung von Green Finance sowie verwandte Begriffe wie Sustainable Finance oder ethisch-ökologische Geldanlagen. Der/Die Leser/in soll dabei eine Grundidee von grünen Kapitalanlagen erhalten, die im Folgenden für das Verständnis erforderlich ist. Das Kapitel endet mit einer Abgrenzung von Green Finance von den klassischen Geldanlagen. Im weiteren Verlauf von Kapitel 3 werden die Akteure auf dem Green-Finance-Markt kurz vorgestellt und deren Anlageansätze näher beleuchtet. Kapitel 4 verdeutlicht die Wichtigkeit von Green-Finance-Modellen sowie die Chancen und Herausforderungen im Finanzsektor. Das Fazit bildet mit einer Schlussbewertung und einem Ausblick auf die künftige Entwicklung der Branche den Schluss der Thesis.

2 Theoretische Grundlage

2.1 Green Finance - Begriffsdefinition

Es gibt bisher noch keine einheitliche Definition bzw. Abgrenzung für den Begriff Green Finance. Dies ist u. a. dem Umstand geschuldet, dass viele Publikationen nicht versuchen, den Begriff zu definieren – wie z. B. die International Finance Corporation (IFC). Auf der internationalen Ebene werden die Begriffe Environmental Finance und Climate Finance häufig in ähnlicher Form genutzt.[10] Viele Marktteilnehmer definiert Green Finance sehr kontrovers und verhindert eine einheitliche Klassifizierung.[11] Ein umfassenderer Überblick kann durch die folgende Abbildung von Dr. Nannette Lindenberg, Ökonomin der Deutschen Institution für Entwicklungspolitik, vermittelt werden. Trotz unterschiedlicher Meinungen definiert die Ökonomin Green Finance wie folgt: „Green Finance – ein positiver Wandel auf dem Weg der Weltwirtschaft zu Nachhaltigkeit – steht für die Finanzierung öffentlicher und privater Investitionen und staatlicher Politiken, die grüne Initiativen stärken. Ihre zwei Hauptaufgaben sind die Internalisierung externer Umweltkosten und die Reduzierung der Risikowahrnehmung, um umweltfreundliche Investitionen zu fördern."[12] Daraus lässt sich sagen, dass Green Investments einen positiven Nebeneffekt auf die Umwelt und Gesellschaft mit sich bringt.

---

[10] Vgl. o. V. (2015), https://www.bmz.de (abgerufen am 9.8.2019 - Dokument 31 der CD).
[11] Vgl. Verbraucherzentrale (2019), https://www.verbraucherzentrale.de (abgerufen am 25.7.2019 - Dokument 43 der CD).
[12] Vgl. Berensmann, Kathrin/Lindenberg, Nannette (2016), https://www.econstor.eu (abgerufen am 27.7.2019 - Dokument 2 der CD).

Diese Aussage wird im Folgenden am Beispiel der grünen Geldanlagen als Alternative am Kapitalmarkt näher beleuchtet.

Abbildung 1: Green Finance

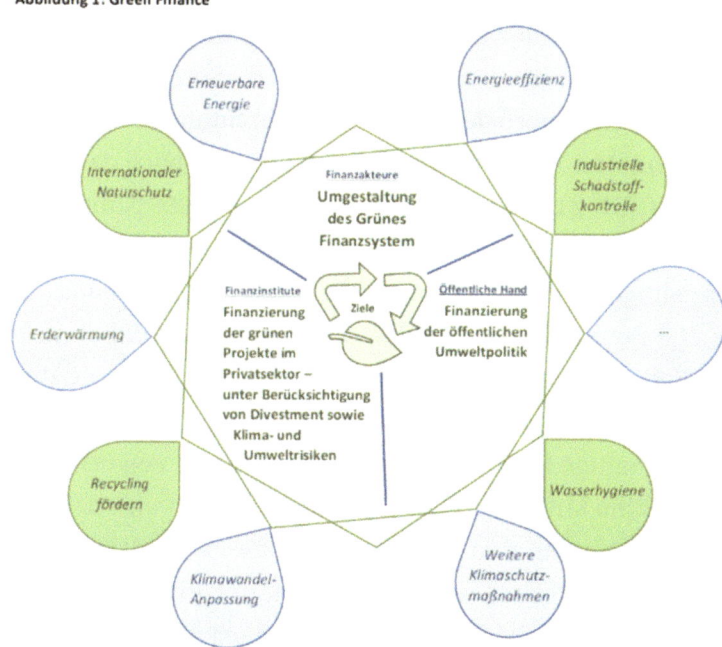

Quelle: Eigene Darstellung aufbauend auf Lindenberg (2014)

2.2 Historische Entwicklung von Green Finance

Eine nachhaltige und gesunde Weltwirtschaft beginnt mit individuellem Gewissen und verantwortungsbewusstem Wirtschaften. Eine Auseinandersetzung mit den Klima- und Sozialfragen, die die Menschen auf der ganzen Welt betreffen, erfordert mehr. Es gibt zwei wesentliche Motivationsanstöße, die das Green Finance und die nachhaltigen Investments in den letzten Jahren vorangetrieben haben. Zum einen durch das Gipfeltreffen der Vereinten Nationen im September 2015. Alle Staaten der Welt haben sich mit der Agenda 2030 in den kommenden 15 Jahren auf die Umsetzung des Fahrplans für eine nachhaltige und lebenswertere Zukunft verpflichtet. Die Sustainable Development Goals (SDGs) definieren die 17 globalen Ziele und 169 Unterziele der umfangreichen Agenda 2030, die erstmalig „...alle drei Dimensionen der Nachhaltigkeit – Soziales, Umwelt, Klima – gleichermaßen" berücksichtigt, siehe Abbildung 2.[13] Zum anderen unterzeichneten 195 Länder wenige Wochen danach das Pariser Abkommen (COP 21).[14] Die Nation einigten sich die globale Erwärmung auf 2 °C festzusetzen, 1,5 °C werden idealerweise als Ziel gesetzt. Dies gelingt allerdings nur durch Senkung der Treibhausgas-Emissionen. Die Beschränkung der Treibhausgabe setzt dabei nicht nur enormes Kapital voraus[15], sondern auch eine grundlegende Umstrukturierung in wirtschaftlichen und gesellschaftlichen Bereichen wie z. B. die nachhaltige Stadtplanung oder der Einsatz von erneuerbaren Energien. Eine Mitwirkung und Zusammenarbeit aller Länder ist die Voraussetzung, um den Fahrplan für eine nachhaltigere Zukunft bis 2030 gewährleisten zu können.[16] „In der Praxis bedeutet das die radikale Dekarbonisierung unserer Wirtschaftssysteme und grundlegende Veränderungen in der Finanzwelt: Green Finance ist das Schlagwort."[17] Green Finance bietet Investoren die Möglichkeit, in ethisch-ökologische Projekte zu finanzieren, um eine Rendite zu

---

[13] O.V. (2019), http://www.bmz.de (abgerufen am 3.8.2019 - Dokument 40 der CD).
[14] Vgl. Karl Ludwig Brockmann (2017), https://www.kfw.de (abgerufen am 21.7.2019 - Dokument 19 der CD).
[15] Vgl. o. V. (2019), https://www.wiwo.de (abgerufen am 22.7.2019 - Dokument 38 der CD).
[16] Vgl. o.V. (2019), http://www.bmz.de (abgerufen am 3.8.2019 - Dokument 40 der CD).
[17] Berensmann, Kathrin/Lindenberg, Nannette (2016), https://www.econstor.eu (abgerufen am 27.7.2019 - Dokument 2 der CD).

Theoretische Grundlage

erzielen und zugleich einen Beitrag zur Verbesserung der nächsten Generation zu leisten.[18]

Abbildung 2: 17 Sustainable Development Goals der Agenda 2030

Quelle: Bundesministerium für wirtschaftliche Zusammenarbeit und Entwicklung, BMZ (2019)

Der Begriff „Nachhaltigkeit" wurde bisher nur mit ökologischen, forstwirtschaftlichen Themen in Verbindung gebracht wie z. B. die nachhaltige Gewinnung von endlichen Ressourcen.[19] Die ursprüngliche Bedeutung geht auf den Schöpfer des Begriffes Hans Carl von Carlowitz im Jahr 1732 zurück. Carlowitz definiert die Nachhaltigkeit als langfristiges Resultat des heutigen Handelns und fordert mit seinem Zitat eine nachhaltige Nutzung des Rohstoffes Holz.[20] Das Wort Nachhaltigkeit wird auch in der sprachlichen Bedeutung als „sich auf längere Zeit stark auswirkend"[21] verwendet. Die Definition hat sich

---

[18] Vgl. Werner, Thomas (2009), S. 37.
[19] Vgl. Hafenstein, Andrea (2016), S. 7.
[20] Vgl. Carlowitz, Hans Carl/Hamberger, Joachim (2013), S. 70.
[21] O.V. (o.J.) Duden, https://www.duden.de (abgerufen am 30.7.2019 - Dokument 8 der CD).

jedoch im gesellschaftlichen Kontext fundamental verändert.[22] Die Europäische Kommission beschreibt mittlerweile Nachhaltigkeit als „...eines der wichtigsten Arbeitsfelder" und definiert diesen Begriff wie folgt: „Eine nachhaltige Entwicklung deckt die Bedürfnisse der heutigen Generationen ohne Beeinträchtigung der Möglichkeiten künftiger Generationen. In diesem umfassenden Konzept kommen wirtschaftliche, soziale und ökologische Aspekte zum Tragen, die sich gegenseitig verstärken".[23] „Noch vor wenigen Jahren galt Sustainable Finance als Nischenthema, um das sich in Banken, Versicherungen oder in der Vermögensverwaltung nur wenige Mitarbeiter kümmerten"[24], heute steht Sustainable Finance auf der Prioritätenliste vieler Finanzdienstleister und gilt als Top-Thema, auch für die finanzpolitische Gesetzgebung.[25] Daraus lässt sich schließen, dass Investoren neben wirtschaftlichen Aspekten auch gesellschaftliche Verantwortung, etwa für Klima- oder Umweltprobleme übernehmen. Ökologische Grundgedanken der Anlagestrategiesetzung rücken somit weiter in den Fokus, wodurch die klassischen Anlageziele Rentabilität, Liquidität und Sicherheit, die gemeinsam das magische Dreieck bilden[26], mehr in den Hintergrund geraten.

---

[22] Vgl. Johannsen, Kai (2019a), S. 7.
[23] Vgl. COMM/DG/UNIT (2017), https://ec.europa.eu (abgerufen am 30.7.2019 - Dokument 5 der CD).
[24] O. V. (2019), https://www.bafin.de (abgerufen am 22.7.2019 - Dokument 37 der CD).
[25] Vgl. o. V. (2019), https://www.bafin.de (abgerufen am 22.7.2019 - Dokument 37 der CD).
[26] Vgl. Görgen, Frank/Rosar, Maximilian (2013), S. 74.

Theoretische Grundlage

Abbildung 3: CSR Pyramide

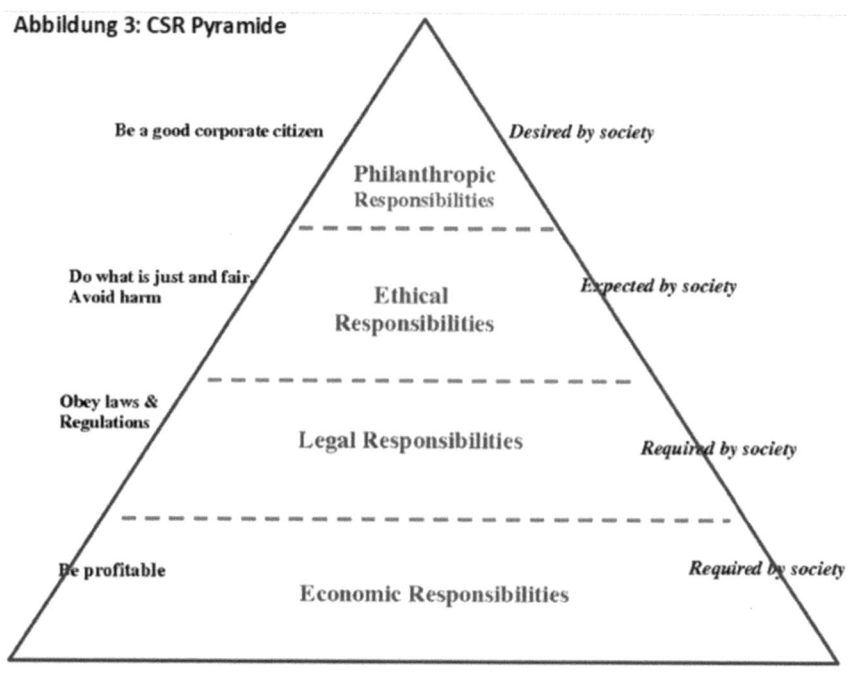

Quelle: Carroll (1991),S.42 modifiziert in Schwartz & Carroll (2003),S.504

Stark in Verbindung mit Nachhaltigkeit steht der Begriff Unternehmensverantwortung – auch bekannt als CSR.[27] CSR beschreibt im engeren Sinne „den spezifischen Beitrag, den Unternehmen zum nachhaltigen Wirtschaften, zur Nachhaltigkeit, leisten".[28] Nicht zu verwechseln ist das Wort „social" mit dem deutschen Wort „sozial" im engeren Sinne.[29] Hierbei bezieht sich die Verantwortung der Unternehmen mehr auf das gesellschaftliche Umfeld insgesamt und

---

[27] Vgl. Hafenstein, Andrea (2016), S. 8.
[28] O.V. csr-in-deutschland, https://www.csr-in-deutschland.de (abgerufen am 2.8.2019 - Dokument 6 der CD).
[29] Vgl. o.V.csr-in-deutschland, https://www.csr-in-deutschland.de (abgerufen am 2.8.2019 - Dokument 6 der CD).

weniger auf das soziale Umfeld. Im Jahr 1991 hat sich Carroll ausführlich mit dem Thema beschäftig und eine CSR-Pyramide aufgestellt. Ihrer Erklärung zufolge soll ein Unternehmen profitable Geschäfte betreiben, Gesetzesverstöße meiden und als ein guter, gewissenhafter Akteur gesellschaftliche Verantwortung übernehmen.[30] Überträgt man die Begriffe Green Finance und Nachhaltigkeit auf den Finanzmarkt, so sind die ESG-Kriterien – Environmental, Social und Governance – wiederzuerkennen. ESG werden häufig in drei Bereiche Umwelt, Soziales und Unternehmensführung untergeilt, entsprechend den englischen Ausdrücken. ESG hat seinen Ursprung aus dem Socially Responsible Investments (SRI) Bereich[31] und wird von ESG-Investoren zur Nachhaltigkeits- und Investitionsbewertung herangezogen.[32] Der Bereich Umwelt befasst sich bspw. mit effizientem Umgang mit Energie und Rohstoffen. Der zweite Bereich deckt die sozialen und gesellschaftlichen Aspekte wie z.B. faire Bedingungen am Arbeitsplatz oder Entlohnung der Mitarbeiter. Der dritte Bereich beschäftigt sich mit Nachhaltigkeitszielen des Managements im Unternehmen. Tauchen aktive Investoren tiefer in den Green-Finance-Markt ein, so findet man häufiger die Begriffe Socially Responsible Investments, Responsible Investment oder Ethical Investment. „SRI ist der Oberbegriff für unterschiedliche Anlagekonzepte."[33] Es handelt sich dabei um eine Kombination aus Rendite, sozialen und

---

[30] Vgl. Hafenstein, Andrea (2016), S. 8f.
[31] Vgl. o.V. (o. J.), http://www.nachhaltig-investieren.org (abgerufen am 12.8.2019 - Dokument 39 der CD).
[32] Vgl. o. V. (2019), https://www.wiwo.de (abgerufen am 22.7.2019 - Dokument 38 der CD).
[33] Lexikon der Nachhaltigkeit (2015), https://www.nachhaltigkeit.info (abgerufen am 5.8.2019 - Dokument 22 der CD).

ökonomischen Zielen, die in Anlagekonzepten über die zukunftsfähigen Nachhaltigkeitswerte bestimmen.[34] SRI wird nochmals in streng nachhaltige und verantwortungsvolle Anlagen unterschieden. Die strenge Form berücksichtigt mehr als 200 ökologische, ethische und soziale Faktoren, wobei die verantwortungsvolle Variante nur einzelne Branchen wie die Rüstungsindustrie ausschließt. Unter Ethical Investment werden soziale, moralische und religiöse Werte verstanden, die Anleger auf ihre Anlageportfolios anwenden.[35] Letzten Endes führen alle Begriffe auf „den Investitionsprozess, der die ESG-Faktoren berücksichtigt"[36], zurück. Auf die Bedeutung von ESG-Kriterien auf Investitionsentscheidungen wird später ausführlicher zurückgekommen.

2.3 Differenzierung von Kapitalanlagen

Green Finance kann aus unterschiedlichen Anlageformen bestehen, die sich von den klassischen Anleiheformen kaum unterscheiden. Die einzige Abweichung liegt in der Mittelverwendung des Geldes. Das Kapital kann bspw. öffentlichen und privaten Investitionen dienen wie erneuerbaren Energien, der Prävention vor weiteren Luft- und Wasserverschmutzung oder dem Management von natürlichen Ressourcen, „...während Sustainable Finance darüber hinaus auch wirtschaftliche und soziale Nachhaltigkeitsaspekte abdeckt".[37] Hinter

---

[34] Vgl. Hafenstein, Andrea (2016), S.11.
[35] Vgl. Will Kenton (2019), https://www.investopedia.com (abgerufen am 5.8.2019 - Dokument 44 der CD).
[36] Hafenstein, Andrea (2016), S. 11.
[37] Karl Ludwig Brockmann (2017), https://www.kfw.de (abgerufen am 21.7.2019 - Dokument 19 der CD).

Green Finance steckt jedoch mehr als nur die Kapitalbeschaffung und Förderung von nachhaltigen Investments. Green Finance deckt im Grunde genommen auch Themengebiete ab wie:

- Gestaltung des Finanzsystems auf umwelt- und klimagerechter Ebene,
- Management von Umwelt- und Klimarisiken in Finanzinstitutionen und
- sämtliche klimapolitischen Maßnahmen,

um einige Beispiele zu nennen. Neben Wertpapieren, Sparanlagen in Umweltfonds oder Genussscheinen, gehören grüne Anleihen zu einer der wichtigsten Anlageformen der Umwelt- und Klimafinanzierung auf dem Finanzmarkt.[38] Anleger, die in Green Bonds oder Sustainable Bonds investieren, profitieren doppelt. Anleger profitieren nicht nur von Zinsen (Rendite), sondern lassen ihr Geld auch nach nachhaltigen Regeln arbeiten. Denn der Anlageerlös fließt in verschiedene Klima- und Umweltprojekte.[39] Das Magische Dreieck erinnert daran, dass neben Liquidität und Sicherheit die Rendite ebenfalls eine wichtige Rolle spielt. Ein Teil der Befragten aus einer Online-Umfrage vom Bankenverband ist der Meinung, dass eine nachhaltige Finanzanlage weniger Rendite als die klassische Variante mit sich bringt.[40] Nein, „Im Gegenteil, die Renditen sind langfristig in der Regel gleich oder sogar besser, abhängig von der Art des Produktes."[41] Ethische-

---

[38] Vgl. Karl Ludwig Brockmann (2017), https://www.kfw.de (abgerufen am 21.7.2019 - Dokument 19 der CD).
[39] Vgl- Johannsen, Kai (2019c), S. 2.
[40] Vgl. Bankenverband (2019), https://bankenverband.de (abgerufen am 24.7.2019 - Dokument 1 der CD).
[41] Schäfer, Kristina (2019), S. 1.

ökologische Vorstellungen müssen nicht unbedingt zu Lasten der Performance stehen, denn schließlich muss nicht alles was grün ist, auch schlechter sein. „Dieser Zweifel hielt viele Anleger lange Zeit davon ab, sich bei der Titelauswahl von Nachhaltigkeitskriterien leiten zu lassen".[42] Eine attraktive Rendite wird tendenziell mit einem höheren Risiko bezahlt. Dies gilt auch bei klassischen Kapitalanlagen. Aus diesem Grund ist es jedem Kapitalanleger selbst überlassen, in welche Finanzinstrumente er investiert, da grüne Finanzanlagen sich kaum von den herkömmlichen unterscheiden.

---

[42] Vgl. Riedel, Stefan (2019), S. 2.

3 Green-Finance-Markt

3.1 Akteure auf dem Green-Finance-Markt

Abbildung 4: Akteure des Green-Finance Marktes
Quelle: Eigene Darstellung

Auf dem Green-Finance-Markt gehören private Anleger, institutionelle Investoren, Kreditinstitute, Internationale Finanzinstitutionen (IFI) wie die Zentralbank oder Aufsichtsbehörden zu den wichtigsten Playern auf dem Finanzmarkt. Der Finanzsektor spielt eine tragende Rolle für Länder, die sich in Richtung einer „inklusiven, ressourceneffizienten und treibhausgasarmen Wirtschaft" transformieren möchten.[43] Es leuchtet unmittelbar ein, dass sich eine solche Strategie des Finanzsektors sich positiv auf die Verlangsamung des Klimawandels auswirken kann, für die finanzielle Mittel bereitgestellt werden.

---

[43] O. V. (2015), https://www.bmz.de (abgerufen am 9.8.2019 - Dokument 31 der CD).

3.1.1 Anleger

Institutionelle Investoren haben einen wesentlichen Einfluss auf den Finanzmarkt, wohingegen private Investoren nur eine kleine Gruppe der Anleger darstellen. Aus Afrika gibt es ein Sprichwort: „Viele kleine Leute in vielen kleinen Orten, die viele kleine Dinge tun, können das Gesicht der Welt verändern".[44] Das KAGB differenziert Anleger in private, professionelle und semiprofessionelle Anleger, wobei die letzten beiden Anlegerarten zu den Institutionellen gehören.[45] In dieser Arbeit werden Anleger nochmals in klassische und grüne Anleger unterteilt, wobei hier die grünen Anleger von Interesse sind. Unter der Kategorie klassische Anleger fallen diejenigen, die nach Renditenmaximierung wirtschaften ungeachtet der Mittelverwendung. Im Unterschied dazu lassen grüne Anleger ihr Geld auch nach ethisch-ökologischen Regeln arbeiten. Private Anleger haben die Möglichkeit, ihr Kapital direkt oder indirekt anzulegen. Das Erwerben von Finanztiteln bei nachhaltigen Unternehmen, Finanzinstitutionen oder vom Bund ist eine direkte Anlage. Eine Investition über Finanzintermediäre wie Kreditinstitute oder Fondsgesellschaften, die wiederum in CSR Unternehmen anlegen, führt zum indirekten Weg.

---

[44] O. V. (o. J.), https://www.aphorismen.de (abgerufen am 8.8.2019 - Dokument 29 der CD).
[45] Vgl. EXPORO (abgerufen am 7.8.2019 - Dokument 10 der CD).

3.1.2 Nachhaltige Unternehmen

Unternehmen, die ethisch-ökologische Aspekte in ihrer Wertschöpfungskette aufnehmen, können nicht nur die Wettbewerbsfähigkeit verbessern, sondern auch langlebige Erfolgsgeschichten schreiben.[46] Nachhaltige Unternehmen, die bei strategischen Entscheidungen auch die künftigen Generationen als relevanten Stakeholder berücksichtigen, tun etwas Gutes für die Gesellschaft – „doing well by doing good", ohne die Wertschöpfung zu vernachlässigen.[47] Genau solche Unternehmen werden von grünem Anlegern, die ethisch-ökologische Werte verfolgen, ausgewählt. Für eine Bewertung, wie nachhaltig und ethisch-ökologisch ein Unternehmen wirtschaftet, gibt es noch keinen einheitlichen Maßstab, daher „müssen Aufsichtsbehörden ein gemeinsames Verständnis von Nachhaltigkeit entwickeln, weil sie auf vergleichbarer Basis überprüfen sollen, ob sich Unternehmen nachhaltig verhalten".[48] Verbraucher im Lebensmittelbereich haben die Möglichkeit, sich an Bio-Siegeln als Entscheidungsstütze zu orientieren. Bei der Auswahl von nachhaltigen Unternehmen gibt es kein objektives Gütesiegel für eine ökologisch einwandfreie Anlage. Im Allgemeinen werden folgende Kriterien von ethisch-ökologisch orientierten Anlegern herangezogen:

- Soziale Aspekte
- Rüstung
- Kernwaffen

---

[46] Vgl. Wunder, Thomas (2017), S. 9.
[47] Vgl. Wunder, Thomas (2017), S. 19.
[48] O. V. (2019), https://www.bafin.de (abgerufen am 22.7.2019 - Dokument 37 der CD).

- Energieerzeugung
- Menschenrechte
- Umweltaspekte.[49]

Des Weiteren gewinnen ESG-Kriterien beim verantwortungsbewussten Investieren sowohl für private als auch institutionelle Investoren zunehmend an Bedeutung. Ökologische und soziale Aspekte sowie Governance werden immer häufiger in Entscheidungsfragen mit einbezogen.[50] Sowohl Konsumenten und Investoren als auch einkaufende Unternehmen hinterfragen die Nachhaltigkeit der Lieferkette. Hierbei stehen zum einen die Bezugsbedingungen der Umwelt Rohstoffe im Fokus. Zum anderen die Auswirkungen des Rohstoffbezuges thematisiert. Denn eine nachhaltige Gestaltung der Lieferkette kann durchaus Wettbewerbs- und Reputationsvorteile mit sich bringen.[51] „In den letzten Jahren sind zahlreiche Brancheninitiativen entstanden, die sich zum Ziel gesetzt haben, ihre Lieferkette nachhaltiger zu gestalten."[52] Sie richten ihre Wertschöpfungskette nachhaltiger aus, bieten ihre Produkte/ ihren Service mit besseren Arbeitsbedingungen an und legen mehr Wert auf verantwortungsvolle Ressourcengewinnung. Unternehmen müssen sich die Frage stellen, inwieweit ihr Kerngeschäft zukünftig wettbewerbsfähig bleiben kann,

---

[49] Vgl. Werner, Thomas (2009), S. 45.
[50] Vgl. Karrenbrock, Pia (2019), https://www.private-banking-magazin.de (abgerufen am 9.8.2019 - Dokument 20 der CD).
[51] Vgl. o. V. (o. J.b), https://www.csr-in-deutschland.de (abgerufen am 8.8.2019 - Dokument 27 der CD).
[52] O. V. (o. J.a), https://www.csr-in-deutschland.de (abgerufen am 8.8.2019 - Dokument 26 der CD).

wenn Unternehmen den betriebswirtschaftlichen Trend heute ignorieren.[53]

3.1.3 Finanzdienstleister

Finanzdienstleister wird in der Abbildung 4 als Finanzintermediär zwischen Anleger und Unternehmen dargestellt. Im Rahmen dieser Arbeit betrachteten Finanzdienstleister werden nur Banken, Versicherungen, Fondsgesellschaften und Pensionskassen herangezogen. Finanzinstrumente sind ein sehr komplexes Thema. Für unerfahrene Anleger, die grüne Unternehmen nur schlecht erkennen, bietet sich die Möglichkeit, das Angebot der Finanzdienstleistung in Anspruch zu nehmen, um das angelegte Kapital in Form von Anleihen, Green Investmentfonds oder ETFs usw. anlegen. Die Bank wie z. B. die Umweltbank oder die Staatliche Förderbank (Kfw) kann das Geld wiederum in grüne Geldanlagen investieren oder als Kredit vergeben. Dabei gibt es strenge Kreditvorgaben, an denen sich Banken halten müssen. Das Vermögen wird ausschließlich zur Finanzierung von nachhaltigen Projekten genutzt[54], wodurch eine positive Auswirkung auf den Klimawandel erreicht werden kann. Bei der ökologische Kreditfinanzierung handelt es sich hier um Unternehmen, die sich von Herstellung bis zum Verkauf an ethisch-ökologischen Grundsätze halten. Dabei verzichten sie auf Kinderarbeit und sorgen für ein anständiges Arbeitsumfeld für Männer und Frauen.[55] Die indirekte

---

[53] Vgl. Wunder, Thomas (2017), 6.
[54] Vgl. Berensmann, Kathrin/Lindenberg, Nannette (2016), https://www.econstor.eu (abgerufen am 27.7.2019 - Dokument 2 der CD).
[55] Vgl. EXPORO (2019), https://exporo.de (abgerufen am 22.7.2019 - Dokument 11 der CD).

Variante bietet mehr Übersicht und Flexibilität, womöglich auch „Sicherheit", da Geld von einem professionellen Vermögensverwalter gemanagt wird, der mit der Thematik durchaus vertrauter ist als der Anleger selbst.

3.1.4 Staat

Investment-Projekte, die ethische und soziale Werte verfolgen, werden immer mehr von Anlegern verlangt."[56] Unter anderem gehört Luxemburg zu den Pionieren des Green-Finance-Marktes. Schon vor 3 Jahren ging die erste und einzige Handelsplattform – LGX – für reine Green Bonds an den Start. Die an der LGX gelisteten Anleihen stammen aus aller Welt.[57] Die Öl-Nation Norwegen, die den größten Staatsfonds der Welt verwaltet, möchte nun den Öl- und Kohlekonzernen Milliarden entziehen. Norwegen wird mehr in erneuerbaren Branchen investieren, um den Wohlstand der künftigen Generationen zu sichern.[58] Frankreich, Dänemark, Polen oder Belgien gehören zu den EU-Ländern, die bereits grüne Staatsanleihen emittieren.[59] Bisher hat die Kfw in Deutschland die Vorreiterrolle eingenommen, doch in 2020 soll sich die Bundesrepublik ebenfalls für Sustainable Bonds öffnen und zum ersten Mal Green Bonds anbieten.[60]

---

[56] Vgl. Karrenbrock, Pia (2019), https://www.private-banking-magazin.de (abgerufen am 9.8.2019 - Dokument 20 der CD).
[57] Vgl. Nicolas Mackel (2019), S. 1.
[58] Vgl. Hecking, Claus (2019), https://www.spiegel.de (abgerufen am 26.7.2019 - Dokument 15 der CD).
[59] Vgl. Finthammer, Volker (2019), https://www.deutschlandfunk.de (abgerufen am 9.8.2019 - Dokument 12 der CD).
[60] Vgl. Blume, Jacob (2019), S. 1.

Die Chancen für die Akteure bestehen u. a. darin, wie dem ehemaligen Nischenbereich gefragte Anlagemöglichkeiten aufzufinden und dementsprechende Renditen zu erzielen. Werden die genannten Kriterien für die Anlagen wie Nachhaltigkeit, ethisch-ökologische Überlegungen usw. mit Leben gefüllt, ist die Chance vorhanden, mit dieser Art Geschäftsmodell einen Beitrag zu leisten, den Klimawandel zu verlangsamen. Allerdings sind diese Chancen dadurch begrenzt, da auch eine angemessene Rendite erzielt werden muss. Dazu im Weiteren ein genauerer Blick auf die Anlagesätze.

3.2 Anlageansätze

Für Investoren, die sich für nachhaltige bzw. ethisch-ökologische Geldanlagen entscheiden, gibt es mittlerweile für viele Anlageformen grüne Alternativen. Dabei können Anleger sich an unterschiedlichen Anlageansätzen orientieren. Anleger können ihre Anlagemöglichkeiten unter Berücksichtigung von folgenden Anlageansätzen filtern. Je nach Präferenz und Anlagestrategie werden Anlageansätze unterschiedlich angewendet. „Bei ethisch-ökologischen Investmentfonds werden oft mehrere Ansätze von den Anbietern miteinander kombiniert".[61] Die Global Sustainable Investment Alliance (GSIA) definiert sieben Anlagestile:

Ausschlusskriterien (negativ Screening) setzen zu Beginn Unternehmen, Staaten oder Branchen fest, die in bestimmten Geschäftsbereichen aktiv sind. Welche bspw. Atomenergie, Waffen, Tabak, Alkohol, Kinderarbeit oder Gentechnologie sein können. Laut FNG ist das

---

[61] Vgl. Verbraucherzentrale (2019), https://www.verbraucherzentrale.de (abgerufen am 25.7.2019 - Dokument 43 der CD).

negative Screening die meist genutzte Strategie in Europa mit einem Vermögenswert von 19,8 Billionen USD.[62]

Bei dem Best-in-Class-Ansatz werden ausschließlich Unternehmen ausgewählt, die im ethisch-ökologischen und sozialen Bereich die Trendsetter sind. Die Branche wird zu Beginn nicht festgelegt, wodurch Wirtschaftszweige wie Rüstungsindustrie im Portfolio aufgenommen werden können. Ziel dabei ist es, die weniger engagierten Branchen zu motivieren und langfristige die Nachhaltigkeit der gesamten Branche zu steigern.[63]

Unter Impact Investment versteht man einen Kapitaleinsatz in Projekte/Unternehmen, die neben der Gewinnmaximierung ein bestimmtes Ziel verfolgen, wie z. B. die Vermeidung von ausbeutender Kinderarbeit oder Verletzung von Menschenrechten.[64]

Die ESG-Integration ist eine explizite Einbeziehung von Nachhaltigkeitskriterien und -risiken in die traditionelle Finanzanalyse. Dieser Ansatz beherrscht mit dem Großteil der Assets in den USA, Kanada und Australien.[65]

Nachhaltige Themenfonds sind Investments in bestimmten Assets oder Themen zur Förderung von Nachhaltigkeit. Die am häufigsten

---

[62] Vgl. o. V. (2018), http://www.gsi-alliance.org (abgerufen am 28.8.2019 - Dokument 33 der CD)

[63] Vgl. FNG (2019), https://www.forum-ng.org (abgerufen am 9.8.2019 - Dokument 14 der CD).

[64] Vgl. o. V. (2019), https://www.wiwo.de (abgerufen am 22.7.2019 - Dokument 38 der CD).

[65] Vgl. FNG (2013), https://www.forum-ng.org (abgerufen am 28.8.2019 - Dokument 13 der CD.

gewählten Investitionsgebiete sind etwas erneuerbare Energien, grüne Immobilien, Energieeffizienz und Klimawandel.

Das normbasierte Screening ist eine Überprüfung von Kapitalanlagen nach bestimmten Standards und Normen. Dazu gehören z.B. UN Global Compact, OECD-Leitsätzen oder ILO-Kernarbeitsnormen. [66]

Ethisch-ökologische Branchen oder Unternehmen investieren unter bestimmten Kriterien gezielt in nachhaltige Projekte. Dabei besteht die Gefahr einer erhöhten Korrelation und zu geringer Diversifikation der Risiken im Portfolio. Der Anleger trägt ein höheres Risiko, falls die Investition sich doch als unvorteilhaft herausstellen sollte.[67]

Ein Engagement erfordert einen direkten Kontakt zwischen Unternehmen und Investoren sowie anderen Organisationen und Entscheidungsträgern aus der Politik und Wirtschaft. Denn auch künftig sollen ESG-Kriterien im Unternehmen integriert werden.[68]

Diese Anlagenansätzen von Green Finance sind nur dann in sich schlüssig, wenn sie diese als Herausforderung ansehen, den Anspruch Wirklichkeit zu lassen, d.h. in der Praxis die Nachhaltigkeit zu fördern, menschliche Arbeitsbedingungen in den Herkunftsländern der Rohstoffe zu schaffen.

---

[66] Dittrich, Simone/Gloger, Anne-Marie/Masri, Raschid et al. (2019), https://www.forum-ng.org (abgerufen am 9.8.2019 - Dokument 7 der CD).

[67] Vgl. Verbraucherzentrale (2019), https://www.verbraucherzentrale.de (abgerufen am 25.7.2019 - Dokument 43 der CD).

[68] Vgl. FNG (2019), https://www.forum-ng.org (abgerufen am 9.8.2019 - Dokument 14 der CD).

Abbildung 6: Nachhaltige Anlagestrategien in DE, AUT und der CHE 2017/2018 (in Mrd. €)

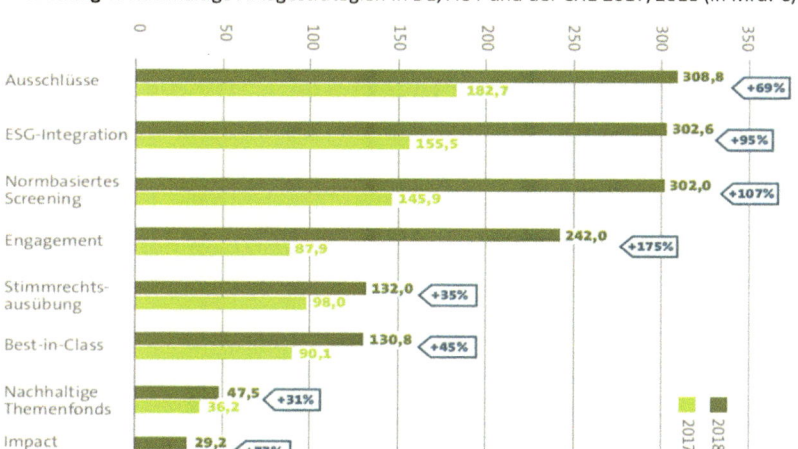

Quelle: FNG Marktbericht - Nachhaltige Geldanlage (2019)

4 "Green Investments" für den Finanzsektor

4.1 Bedeutung von "Grünen Investments" für die Finanzbranche

Green Finance, die bisherige Nischenanlagestrategie, befindet sich langsam, aber sicher auf dem Weg zum Mainstream der internationalen Finanzmärkte.[69] Die Entwicklung der Investmentfonds und Mandate in DE zeigt die folgende Abbildung, welche Bedeutung Green und Sustainable Investments in den letzten Jahrzehnten erlangt haben. Seit Beginn der FNG Markterhebung verzeichneten nachhaltige Investments das größte Wachstum im letzten Jahrzehnt. Bereits kurz vor der Finanzkrise im Jahr 2008 hat sich das Anlagevermögen von 5,0 Mrd. EUR auf 11,1 Mrd. EUR verdoppelt. Ende 2018 wurde in DE eine Rekordsumme von 133,5 Mrd. Euro in Sustainable Investments investiert, welche das Vierfache gegen über 2015 ist.[70] Im Zuge der steigenden Beliebtheit der grünen Finanzprodukte ist der Finanzmarkt aufgerufen, den Wünschen der Investoren nachzukommen.[71] Die Integration der Nachhaltigkeitskriterien in den Finanzsektor ist daher unerlässlich.[72] Für die Umsetzung der Agenda 2030 und die längst überfällige Transformation hin zu einer dekarbonisierten Gesellschaft werden enorme Anstrengungen und Kapitalmitteln von den Finanzmarktakteure gefordert, um ein

---

[69] Vgl. Cherifi, Natasha (2018), https://frankfurt-main-finance.com (abgerufen am 14.8.2019 - Dokument 4 der CD).
[70] Dittrich, Simone/Gloger, Anne-Marie/Masri, Raschid et al. (2019), https://www.forum-ng.org (abgerufen am 9.8.2019 - Dokument 7 der CD).
[71] Vgl. Johannsen, Kai (2019c), S. 2.
[72] Vgl. o. V. (2015), https://www.bmz.de (abgerufen am 9.8.2019 - Dokument 31 der CD).

gesundes Ökosystem wiederherstellen zu können. Denn die öffentliche Hand allein wird nicht in der Lage sein, den geschätzten Finanzbedarf für Green Investments in vollem Umfang zu tragen, weshalb ein hoher Bedarf an privatem Kapital besteht.[73] Zahlreiche Anleger, insbesondere die jungen Millennials fragen bereits verstärkt nach grünen Kapitalanlageformen. Mit der Geldanlage möchten sie nicht nur finanzielle Vorteile erwirtschaften, sondern auch einen breiteren Impact erzielen.[74] Menschen, die einen nachhaltigen Lebensstil anstreben und dem Thema Umwelt, Klima und Gesundheit eine besondere Bedeutung schenken, werden als LOHAS bezeichnet. LOHAS pflegen den bewussten Umgang mit Ressourcen und möchten durch ihren nachhaltigen Konsum einen Mehrwert für die Gesellschaft und Umwelt schaffen, ohne auf Komfort verzichten zu müssen.[75] Die steigende Anzahl an nachhaltigen Anlegern – aus der FNG Erhebung – macht sie zur hoch interessanten Zielgruppe für Unternehmen und Finanzinstitutionen. Viele Finanzdienstleister wie Kreditinstitute, Versicherungsgesellschaften oder Fondsgesellschaften haben den Vorteil, dass ihre Finanzprodukte nicht unbedingt neu modelliert werden müssen, denn an sich bleiben die gleich – gelten sowohl für klassische als auch für ethisch-ökologischorientierte Investoren. Eine Anleihe bleibt weiterhin eine Anleihe, unabhängig von der Wertvorstellung. Die Unterscheidung liegt lediglich in der Mittelverwendung. Green Investments sind ausschließlich ethisch-ökologische Kapitalanlagen, die umweltbewusste, klimafreundliche und nachhaltige

---

[73] Vgl. Berensmann, Kathrin/Lindenberg, Nannette (2016), https://www.econstor.eu (abgerufen am 27.7.2019 - Dokument 2 der CD).
[74] Vgl. Johannsen, Kai (2019a), S. 1.
[75] Vgl. Wenzel, Eike/Kirig, Anja/Rauch, Christian (2008), S. 37.

Werte vertreten.[76] Finanzstrukturen müssen demnach so aufgebaut sein, dass die Anreize für nachhaltige Investitionen hin zu zukunftsfähigen Kapitalallokationen geschaffen sowie relevante Risiken bewerten und notwendige Geldmitteln mobilisiert werden können.[77] Die Bedeutung von Green Finance für die Finanzbranche ist nach wie vor im Wachstum, dessen Ende nicht abzusehen ist.

4.2 Grüne Geschäftsmodelle

Das Geschäftsmodell ist das Fundament eines jeden Unternehmens und beschreibt ein systematisiertes, ganzheitliches Abbild der Funktionsweise eines Unternehmens. Darüber hinaus soll es Informationen liefern, welchen Nutzen die Organisation den Kunden bringen wird bzw. wie das innovative Geschäftsmodell Probleme beseitigen kann. Des Weiteren ist die spezifische Art und Weise, wie ein Mehrwert den Kunden gegenüber geschaffen wird, enorm wichtig. Das Geschäftsmodell soll zum Schluss klar definieren, wie das Unternehmen seine Erträge generiert.[78]

Nachhaltige Geschäftsmodelle erfüllen sowohl ökonomische, ökologische als auch soziale Ziele besser als die herkömmlichen Geschäftsmodellen und handeln im Grunde genommen nachhaltiger auf dem Finanzmarkt. Während nicht-nachhaltige Geschäftsmodelle das Minimal-Prinzip – mit wenig Aufwand möglichst viel aus den Ressourcen schöpfen – verfolgen, haben sich nachhaltige Modelle die ESG-

---

[76] Vgl. Karl Ludwig Brockmann (2017), https://www.kfw.de (abgerufen am 21.7.2019 - Dokument 19 der CD).
[77] Vgl. o. V. (2015), https://www.bmz.de (abgerufen am 9.8.2019).
[78] Vgl. o. V. (o. J.), https://www.gruenderszene.de (abgerufen am 23.8.2019 - Dokument 25 der CD).

Faktoren als langfristige Ziele gesetzt. Sie können auch als nachhaltigkeitsorientierte Geschäftsmodelle bezeichnet werden.[79] Nachhaltige Unternehmen[80], „... die ökologische und soziale Verantwortung am besten mit den fwirtschaftlichen Zielen in ihrem Geschäftsmodell verbinden, schaffen auch monetär die besten Ergebnisse".[81] Organisationen, die sich rein an Profit orientieren und gesellschaftliche Wünsche ignorieren, müssen sich die Frage stellen, inwieweit ihr Geschäftsmodell in der Zukunft wettbewerbsfähig bleiben kann. Denn für viele Investoren ist das Verlangsamen des Klimawandels und die Wiederherstellung eines gesunden Ökosystems von großer Bedeutung. Ob grüne Geschäftsmodelle, soziales Unternehmertum oder CSR orientierte Unternehmen – im Kern haben alle Konzepte den gleichen Grundgedanken: Und zwar etwas Gutes für die Gesellschaft tun, um eine lebenswerte Zukunft zu schaffen und langfristig Erfolg zu erzielen.[82] Geschäftsmodelle, die mehr auf Gewinnmaximierung oder Marktanteile ausgerichtet sind und nur zum Teil bzw. weniger Bezug auf die ESG-Werte legen, können nicht als nachhaltige Geschäftsmodelle betrachtet werden. Vor diesem Hintergrund werden im Rahmen dieser Arbeit, die sich mit den Herausforderungen und Chancen von Green Finance beschäftigt, werden ausschließlich nachhaltige Finanzdienstleister berücksichtig, die in ihren Geschäftsmodellen und Wertschöpfungsketten ESG-Kriterien miteinbeziehen sowie ihre Finanzinstrumente danach einordnen.

---

[79] Vgl. Ahrend, Klaus-Michael (2016), S. 23.
[80] Auf die Bedeutung der Nachhaltigen Unternehmen wird im Abschnitt 3.1.2 näher eingegangen.
[81] Wunder, Thomas (2017), S. 12.
[82] Vgl. o. V. (o. J.), https://www.gruenderszene.de (abgerufen am 23.8.2019).

Ein umfassender Bezug von Geschäftsmodell zum Green-Finance-Markt liegt der Abbildung 1 – Green Finance, basierend auf Lindenberg (2014) – zu Grunde. Die Bereitstellung öffentlicher Finanzmittel ist das wesentliche Handlungsfeld der Politik und der Regulierung. Finanzinstitute berücksichtigen zum einen die erkennbaren Klima- und Umweltrisiken und vermeiden zum anderen Finanzierungen mit nicht vertretbaren Klima- und Umweltschäden – Divestment. Die Umgestaltung des Finanzsystems ist Aufgabe aller Finanzakteure, um Spielraum für neue Green-Finance-Produkte zu schaffen, die aktiv zur Finanzierung der Green und Sustainable Economy beitragen. Des Weiteren werden ESG-Faktoren in die Zielmarktbestimmung integriert und Finanzierungen mit nicht vertretbaren Schäden für Klima und Umwelt ausgeschlossen. Die Verbindungen ist ein wichtiger Ansatz für einen nachhaltigen Geschäftsmodelle und zugleich ein fundamentaler Bestandteil für klimabezogene Projekte.

Nachhaltigkeit ist jedoch mehr als eine gesellschaftliche Anforderung und Herausforderung. Nachhaltigkeit beschäftigt sich mit unternehmerischen Chancen für Gründer und Unternehmen. Hierbei besteht kein Widerspruch, mit nachhaltigen Geschäftsmodellen Profit erzielen zu wollen. Es gibt viele Möglichkeiten, für nachhaltige Geschäftsmodelle Beiträge für Umwelt, Gesellschaft und persönlichen Wohlstand zu leisten. Viele Studien bestätigen einen positiven Wertbeitrag durch Einbeziehen von sozialen, ethischen und ökologischen Aspekten in das unternehmerische Geschäftsmodell.[83]

---

[83] Vgl. Ahrend, Klaus-Michael (2016), S. 48.

4.2.1 Maßnahmen zur Förderung von Green-Finance

Es gibt viele Möglichkeiten, den Green-Finace-Markt zu fördern. Neben den Finanzdienstleistern, die zur Mobilisierung von Finanzmitteln einen enormen Beitrag leisten, können der Staat wie auch die institutionellen und privaten Investoren dem Finance Markt eine große Hilfe sein. Akteure des Green-Finance-Marktes können durch diverse Förderungsmaßnahmen enorme Klimaverbesserungen bewirken, wie z.B.:

- Forcierung von grüne Finanzierungsinstrumenten durch Banken, indem Vorschriften für das ausstehende Kapital und prioritäre Kreditvergabe neu angepasst und ihre systemischen Umweltrisiken offenlegt werden,

- Offenlegung des Jahresberichtes von allen institutionellen Investoren, damit Transparenz auf ihre Investitionspolitik und ihren CO_2-Fußabdruck geboten werden[84],

- Unterstützung beim Aufbau eines Marktes für grüne Finanzprodukte von multilateralen Entwicklungsbanken durch die IFI, die eine sehr wichtige Rolle bei der Mobilisierung von Green Investments spielen,[85]

- das Emittieren von Green-Finance-Produkten wie etwa Schuldverschreibungen, Aktien, ETFs oder Fonds,

---

[84] Dittrich, Simone/Gloger, Anne-Marie/Masri, Raschid et al. (2019), https://www.forum-ng.org (abgerufen am 9.8.2019 - Dokument 7 der CD).

[85] Vgl. Berensmann, Kathrin/Lindenberg, Nannette (2016), https://www.econstor.eu (abgerufen am 27.7.2019 - Dokument 2 der CD).

- die Subventionierung oder Steuervergünstigungen seitens des Staates zur Förderung von umweltfreundlichen Projekten wie erneuerbaren Energien,
- die Festlegung der Regulierung von verbindlichen Mindesteffizienzstandards für bspw. Neubauten,
- der Abbau von umweltschädlichen Subventionen wie z.B. für Dieselfahrzeuge durch den Staat[86],
- Sicherstellung der Finanzstabilität durch die Zentralbanken, indem sie die Preisstabilität und Umwelteinflüsse genau einschätzen und in ihre Berichterstattung aufnehmen [87],
- Berücksichtigung von Umweltrisiken und Anpassungen an Finanzregeln vornehmen wie etwa Solvency II, Basel III und hinsichtlich der Liquiditäts- und Kapitalanforderungen an grüne Investitionen[88],
- die Förderung der Aufsicht von Finanzberatungen im Bereich Nachhaltigkeit[89] usw.

Grüne Anleihen sind die wichtigsten Instrumente der Klimafinanzierung für die meisten Investoren auf dem Green-Finance-Markt. Dabei sollten nachhaltige Geschäftsmodelle, die einen starken Fokus auf Green Bonds legen, die verschiedenen Standards, wie etwa den Climate Bonds Standard, Green Bond Principles, Green Bonds Frameworks, Principles for Responsible Investment oder Socially

---

[86] Vgl. Karl Ludwig Brockmann (2017), https://www.kfw.de (abgerufen am 21.7.2019 - Dokument 19 der CD).
[87] Vgl. o. V. (2019), https://www.bafin.de (abgerufen am 22.7.2019 - Dokument 37 der CD).
[88] Karl Ludwig Brockmann (2017), https://www.kfw.de (abgerufen am 21.7.2019 - Dokument 19 der CD).
[89] Vgl. o. V. (2019), https://www.bafin.de (abgerufen am 22.7.2019 - Dokument 37 der CD).

Responsible Investment mit berücksichtigen. Durch die Einbeziehung werden Investoren und Vermittler in der Lage sein, die ethisch-ökologische Integrität von Green Bonds zu bewerten.[90] Wie bereits in 3.1.4 erwähnt, gehört Luxemburg zu den Pionieren des Sustainable und Green Finance und trägt einen sehr großen Beitrag zur Mobilisierung von Finanzmitteln für Klima- und Umweltschutz bei. Mit einem kumulierten Wert von ca. 130 Mrd. EUR ist der Luxembourg Green Exchange (LGX) die erste grüne Börse, die ausschließlich grüne, nachhaltige und soziale Wertpapiere emittiert und mit fast der Hälfte aller Obligationen – aktuell ca. 260 Green Bonds gelistet – als weltweiter Marktführer gilt.[91] Die LGX stellt sich bereits in frühen Jahren den Herausforderungen, die mit Sustainable und Green Finance verbunden sind. Mit strengen Auswahlkriterien will die LGX die Transparenz der Wertpapiere garantieren und die Qualität der Obligationen kontrollieren, um Emittenten und Anlegern die Sicherheit zu schenken, dass die notierten Obligationen wirklich grün, sozial und nachhaltig sind.[92] Green Bonds werden von Finanzmarktakteuren als eines der wichtigsten Finanzinstrumente der Klimafinanzierung betrachtet. Neben Frankreich, Belgien, Großbritannien und den vielen skandinavischen Ländern will Deutschland zu einem führenden Sustainable-Finance-Standort werden.[93] Denn Schuldverschreibungen werden ebenso aktiv von Bund und Ländern genutzt, um Liquidität für durch Herausgabe von Anleihen zu schaffen. Green

---

[90] Vgl. Lindenberg, Nannette (2014), https://www.cbd.int (abgerufen am 27.7.2019 - Dokument 23 der CD).
[91] Vgl. Frühauf, Markus (2019), S. 1.
[92] Vgl. Nicolas Mackel (2019), S. 1.
[93] Vgl. o. V. (o. J.), https://www.bundesregierung.de (abgerufen am 3.9.2019 - Dokument 24 der CD).

Bonds stellen eine zusätzliche Finanzierungsquelle für kurz- und langfristige grüne Projekte dar. Nun gibt es unterschiedliche Motive, weshalb Investoren in grüne Geldanlage investieren. So streben einige eine Diversifikation-Strategie an, andere möchten damit signalisieren, dass sie sich mit dem Thema Nachhaltigkeit auseinandersetzen, um das Image des Unternehmens auf dem Markt zu stärken, um einen höheren Preis der Produkte rechtfertigen wollen. Doch neben den üblichen Schwarz-Weiß-Muster, gibt es dennoch viele Investoren, die verantwortungsvoll gegenüber dem Klima und Umwelt und der künftigen Generation handeln wollen.[94]

4.3 Regulierung in Europa

In Europa steigt die Nachfrage nach Green Investments weiterhin an. Auch die EU hat die Wichtigkeit des Green Finance und die damit verbundenen Herausforderungen erkannt und sich der Thematik ausführlich gewidmet. Im Frühjahr 2018 hat die EU-Kommission einen EU-Aktionsplan – Financing Sustainable Growth – mit vielen Maßnahmen zur Unterstützung der EU-Ziele vorgelegt.[95] Ziele des Aktionsplans sind unter anderem:

- „...die Kapitalströme in Richtung nachhaltiger Investitionen neu auszurichten, um eine nachhaltige Entwicklung und Wachstum zu erreichen,
- die Einbettung von Nachhaltigkeit in das Risikomanagement,

---

[94] Vgl. Gerth, Martin (2008), S. 69.
[95] Vgl. o.V. (2019), https://www.tsi-kompakt.de (abgerufen am 19.8.2019 - Dokument 41der CD).

- Förderung von Transparenz und Langfristigkeit im Finanz- und Wirtschaftsleben". [96]

Die Maßnahmen sollen dabei die Finanzierung der nachhaltigen Green Economy dienen. Einige Maßnahmenpakete des EU-Aktionsplans sind bereits im Verabschiedungsprozess. Darunter fallen insbesondere vier Gesetzesvorschläge:

- „Taxonomie zur Erleichterung nachhaltiger Investitionen
- Einheitliche Referenzwerte für CO_2-Benchmarks
- Integration von Nachhaltigkeit in die Anlageberatung
- Offenlegungspflichten für Asset Owner und Asset Manager". [97]

Das Taxonomy Technical Report für Sustainable Finance, welches die EU-Kommission kürzlich vorgestellt hat, dient als Grundlage aller späteren Relegierung. „Die Taxonomie ist der wichtigste Baustein für die Initiative Nachhaltiges Finanzwesen, denn sie schafft Klarheit für alle Akteure darüber, was eine nachhaltige Geldanlage ist".[98]

Das bereits im Dezember 2017 ins Leben gerufene Network for Greening the Financial System (NGFS) wurde Anfang 2019 gegründet. NGFS ist das einzige Forum, das ausschließlich Finanzaufsichtsbehörden verschiedener Länder wie die BaFin, die EZB oder die Zentralbanken der Mitgliedsländer zusammenbringt. Das Netzwerk

---

[96] Vgl. European Commission (2018), https://www.true-sale-international.de (abgerufen am 20.8.2019 - Dokument 9 der CD).
[97] Dittrich, Simone/Gloger, Anne-Marie/Masri, Raschid et al. (2019), https://www.forum-ng.org (abgerufen am 9.8.2019 - Dokument 7 der CD).
[98] O. V. (2019), https://www.bafin.de (abgerufen am 22.7.2019 - Dokument 37 der CD).

umfasst insgesamt 36 Mitgliedsstaaten, die sich für ein besseres Verständnis und Management der finanziellen Risiken und Chancen des Klimawandels einsetzen. Die Arbeitsgebiete der Mitglieder sind in Aufsicht, Makrofinanzierung und Integration der grünen Finanzierung unterteilt.[99] Im April diesen Jahres stellte die NGFS seine erste Publikation – A call for action – vor. Die gemachten Vorschläge sind weitgehend auf die künftigen Regulierungsrahmen ausgerichtet, die eine einheitliche Definition von Green and Sustainable Finance voraussetzen. Denn keine der bisher formulierte Definitionen zum Thema Green Finance nimmt ausreichend Bezug auf die Bedeutung der politischen Bedingungen sowie „... die Rolle der Finanz- und Kapitalmarktinstitutionen und die damit verbundene Notwendigkeit der aktiven Gestaltung durch Regierungen und Aufsichtsorgane".[100]

Auch die BaFin hat ihrer letzten Ausgabe – Perspektiven (2/2019) – dem Thema Green Finance große Aufmerksamkeit geschenkt. Eine wichtige Rolle spielten dabei die Nachhaltigkeitsrisiken, die immer mehr an Bedeutung gewinnen. Dazu gehören unter anderem die Klima- und Umweltrisiken, die Sociale- und Governance-Risiken. Finanzmarktakteure verbinden Nachhaltigkeit in erster Linie mit Umwelt- und Klimarisiken, die nach Auffassung der BaFin immer mehr zur gesamtwirtschaftlichen Bedrohung und Risiken der Finanzstabilität werden. Hierzu wurden Klimarisiken nochmals in physische, transitorische Risiken und Finanzstabilitätsrisiken unterteilt.[101] Wie

---

[99] O. V. (2019), https://www.true-sale-international.de (abgerufen am 20.8.2019 - Dokument 35 der CD).
[100] O. V. (2015), https://www.bmz.de (abgerufen am 9.8.2019 - Dokument 31 der CD).
[101] Vgl. o. V. (2019), https://www.bafin.de (abgerufen am 22.7.2019 - Dokument 37 der CD).

sich die Klimarisiken, in die von Aufsichtsbehörden bisher berücksichtigten Risikoarten einordnen lassen, zeigt die Tabelle 1.

"Green Investments" für den Finanzsektor

Tabelle 1: Einordnung der Nachhaltigkeitsrisiken in den Finanzrisiken

Risikoarten	Klima- und Umweltrisiken		
	Physische Risiken (direkt /indirekt)	Transitorische Risiken	Finanzstabilitätsrisiken
Finanzrisiken berücksichtigen ebenso Nachhaltigkeitsrisiken. Somit ist aus aufsichtlicher Sicht keine eigene Kategorie von „Nachhaltigkeitsrisiko" notwendig.	**Direkte physische Risiken** sind u. a.: Schäden wie z. B.: Stürme, Starkregen, Überflutungen, Hagel, extremen Schneefall, Trockenheit, Meeresspiegelanstieg und eine schleichende Verschlechterung von Produktions- und Arbeitsbedingungen. **Indirekte physische Risiken** können bspw. Kreditausfälle von Seitens des Kunden sein, weil ihre von der Bank kreditierten Gebäude oder Produktionsanlagen zerstört worden sind, weil ihre Einkommensbasis gemindert oder vernichtet worden ist – Missernten in der Landwirtschaft.	**Transitorische Risiken** sind Übergangsrisiken, die aus politisch motivierten Veränderungen resultieren, etwa wenn fossile Brennstoffe gezielt verteuert und Umweltabgaben eingeführt werden. Dazu zählen auch Kunden, sich von „schmutzigen" Unternehmen abwenden.	Aus physische und transitorische Risiken können sich **Finanzstabilitätsrisiken** entstehen.
Finanzrisiken			
Kreditrisiko Ist die Gefahr, dass ein Kreditnehmer die ihm gewährten Kredite nicht oder nicht vollständig vertragsgemäß zurückzahlen kann oder will. Allgemein ist das Kreditrisiko für Kreditinstitute die bedeutendste Risikoart.	• Neubewertung Kapitaldienstfähigkeit und Sicherheiten • Ratingabstufungen	• Risikoverlagerungen • Auswirkungen auf Ausfallwahrscheinlichkeit (PD) und Verluste bei Ausfall (LGD)	• Betroffenheit ganzer Branchen und Märkte • Wirtschaft ist nicht mehr zu vernünftigen Kosten versicherbar
Marktrisiko Ist das Risiko, das einem Marktteilnehmer durch Marktschwankungen oder sonstiger Marktdaten auf einem Markt erwachst, z.B. Finanzrisiken.	• Ratingabstufungen und Kursverluste nach Katastrophen und durch sinkende Produktivität	• Plötzliche extreme Preisschwankungen bei Aktiva; Stranded Assets • Langfristige Preisanstiege infolge von Umwelt- und sozialen Veränderungen	• Marktgefährdende Auswirkungen durch Klima und Umweltschäden in einer ganzen Region
Operationelles Risiko Ist die Gefahr von Verlusten, die infolge der Unangemessenheit oder des Versagens von internen Verfahren, Menschen und Systemen oder infolge von externen Ereignissen eintreten.	• Physische Schäden belasten Bilanz • Beeinträchtigung der Verfügbarkeit von Bankdienstleistungen	• Imageschaden durch Nicht-Umstellung auf nachhaltiges Wirtschaften	• Reputationsschäden für ganze Branchen/ganze Märkte • Zusammenbruch großer Teile der Finanzinfrastruktur eines Landes/einer Region

Quelle: BaFin Perspektiven Ausgabe 2 - (2019)

Ein weiterer, multilateraler Akteur für die Regulierung von Umweltrisiken sind der Finanzstabilitätsrat (FSB) und die Internationale Organisation der Wertpapieraufsichtsbehörden (IOSCO). Neben der Förderung von Finanzstabilität hat das FSB ebenfalls die Aufgabe, die öffentlichen und privatwirtschaftlichen Marktteilnehmer zu versammeln und zu bewerten, die eine besondere Rolle bei der grünen Transformation einnehmen. Die IOSCO hat zu Beginn des zweiten Quartals in 2019 ein Paper – Sustainable finance in emerging markets and the role of securities regulators – verfasst und fordert insbesondere Wertpapieraufsichtsbehörden von Entwicklungs- und Schwellenländern auf, dem Thema Nachhaltigkeitsrisiken nachzugehen. Mit einem Empfehlungsschreiben beschreibt die IOSCO ihre Erwartungen zu Nachhaltigkeitsaspekten an die Aufsichtsbehörden und nachhaltige Unternehmen.

Klimarisiken können durch verschiedene Finanzrichtlinien und -vorschriften, wie Bankenstresstests genauer ermittelt werden, um Investitionsverzerrungen und Mehrkosten der grünen Finanzaktivitäten zu verhindern.[102] Ebenso empfiehlt sich eine Erarbeitung eines globalen konsistenten Standards für klimarelevanten Offenlegungs- und Berichterstattungspflichten, um mehr Transparenz zu schaffen und inhärente Klimarisiken effizient einzupreisen.[103] Die aufsichtsrechtliche Regulierung ist somit ein wirksamer Hebel für Green Investments, die durch politische Rahmenwerke und Konzepte zu mehr Nachhaltigkeit bewegt werden können. Sie sind besonders

---

[102] Vgl. Lindenberg, Nannette (2014), https://www.cbd.int (abgerufen am 27.7.2019).
[103] Vgl. Karl Ludwig Brockmann (2017), https://www.kfw.de (abgerufen am 21.7.2019 - Dokument 19 der CD).

gefordert, die Ziele der 2030 Agenda und das Klimaabkommen vom Dezember 2015 zu unterstützen.[104]

Tabelle 2: 11 Empfehlungen der IOSCO

Empfehlung 1	Emittenten und beaufsichtigte Unternehmen sollen ESG-spezifische Aspekte in ihren Risikoappetit und ihre Unternehmensführung integrieren
Empfehlung 2	ESG-spezifische Offenlegungs- und Berichtspflichten
Empfehlung 3	Datenqualität
Empfehlung 4	Definition und Taxonomie nachhaltiger Instrumente
Empfehlung 5-9	Spezifische Anforderungen an nachhaltige Instrumente
Empfehlung 10	Integration von ESG-spezifischen Aspekten in die Analyse und Strategien der Investments und die gesamte Unternehmensführung bei institutionellen Investoren
Empfehlung 11	Aufbau von Kapazität und Expertise für ESG-Belange

Quelle: BaFin Perspektiven Ausgabe 2 – (2019)

4.4 Chancen für "Green-Finance"

Die Deutsche Bundesbank hat Ende März 2019 das Geldvermögen der privaten Haushalte in Deutschland veröffentlicht. Das Geldvermögen der privaten Haushalte lag bei 6170 Mrd. EUR. Trotz der Niedrigzinsphase und des schwierigen gesamtwirtschaftlichen Umfelds erhöhten private Haushalte ihre Bestände an Bargeld und Einlagen um 153 Mrd. EUR gegenüber dem letzten Quartal 2018. Eine Erhöhung des Kapitalmarktengagements lässt sich an Hand der vermehrten Zuflüsse in börsennotierte Wertpapiere und Anteile des Invest-

---

[104] Vgl. Lindenberg, Nannette (2014), https://www.cbd.int (abgerufen am 27.7.2019 - Dokument 23 der CD).

mentfonds im ersten Quartal 2019 –10 Mrd. EUR – verdeutlichen.[105] Daraus lässt sich ableiten, dass die starke Zurückhaltung der privaten Investoren in Green Investments nicht an finanziellen Faktoren oder gar der Investitionsbereitschaft liegt. Es stellt sich nun die Frage, welcher Schlüsselfaktor erforderlich ist, um Investoren dauerhaft von grünen Anlageprodukten zu überzeugen, da klimafreundliche Projekte nur durch ausreichende Finanzmittel vollendet werden können. Folglich spielt das private Kapital neben den öffentlichen Geldmitteln eine bedeutende Rolle für den Green-Finance-Markt.

Eine Antwort darauf gibt uns die im Auftrag des Bundesverbands deutscher Banken im Juni 2019 durchgeführte Online-Umfrage. Die Online-Studie vom April 2019 kommt zu dem Ergebnis, dass deutsche Privatanleger weiterhin in klassische Finanzprodukte wie Tages- oder Festgeld investieren und weniger in die Grüne Ökonomie, obwohl sie „...dem Sparen, Vorsorgen und Investieren durchaus offen gegenüber" stehen.[106] Für die Zurückhaltung der Investoren in Green Investments können diverse Gründe geben.[107] Der wesentliche Grund hierfür ist ganz einfach, auf dem Green-Finance-Markt besteht weiterhin ein großes Aufklärungspotenzial und Beratungsdefizit, sowohl für private als auch institutionelle Investoren.[108] Trotz nachhaltiger und ethisch-ökologischer Wertschätzung vieler Anleger ist „... der Begriff nachhaltige Geldanlage bislang nicht in breitere

---

[105] Vgl. o. V. (2019), https://www.bundesbank.de (abgerufen am 28.7.2019 - Dokument 36 der CD).
[106] Vgl. Bankenverband (2019), https://bankenverband.de (abgerufen am 24.7.2019 - Dokument 1 der CD).
[107] Vgl. Schäfer, Kristina (2019), S. 1.
[108] Vgl. Bankenverband (2019), https://bankenverband.de (abgerufen am 24.7.2019 - Dokument 1 der CD).

Bevölkerungsschichten vorgedrungen. Lediglich ein Drittel der Bevölkerung (32%) hat den Begriff nach eigenen Angaben schon einmal gehört oder gelesen. Nach der inhaltlichen Bedeutung gefragt, muss noch einmal die Hälfte dieser Gruppe passen – am Ende weiß damit nur etwa ein Sechstel der Befragten (16%), was unter nachhaltiger Geldanlage tatsächlich zu verstehen ist".[109] Nachhaltig orientierende Investoren sind bisher noch nicht ausreichend über ethisch-ökologische, alternative Finanzanlagen informiert bzw. beraten worden. Das Positive ist, dass die EU-Kommission bereits im Rahmen des Verordnungsvorschlags zu nachhaltigkeitsbezogenen Transparenzpflichten Leitlinien für Finanzdienstleister zur Berücksichtigung von Nachhaltigkeitsaspekten im Rahmen der Kundenberatung entworfen hat. Die bereits veröffentlichten und konsultierten Entwürfe wurden bisher noch nicht verabschiedet.[110]

Neben privaten folgen institutionelle Investoren mehr dem Trend der nachhaltigen Investments und diese kommen langsam aus dem Nischenmarkt heraus.[111] Im letzten Bericht der Global Sustainable Investment Association (GSIA), stiegen die weltweit verwalteten Investmentvermögen zwischen 2016 und 2018 um 9 Mrd. USD – um rund 31%. Japan zeichnet sich mit über 300% Vermögenszuwachs als absoluter Vorreiter gegenüber EU, USA und anderen Länder aus.[112] Das Interesse an klimafreundlichen Geldanlagen zeigt sich

---

[109] Bankenverband (2019), https://bankenverband.de (abgerufen am 24.7.2019 - Dokument 1 der CD).

[110] Vgl. o. V. (2019), https://www.bafin.de (abgerufen am 22.7.2019 - Dokument 37 der CD).

[111] Vgl. Cherifi, Natasha (2018), https://frankfurt-main-finance.com (abgerufen am 14.8.2019 - Dokument 4 der CD).

[112] Vgl. o. V. (2018), http://www.gsi-alliance.org (abgerufen am 28.8.2019 - Dokument 33 der CD).

sehr groß, dennoch besteht weiterhin Vermarktungspotenzial für institutionellen Investoren. HSBC hat 276 institutionell Investoren zu ihren Auswahlkriterien und Sustainable Investments befragt sowie 277 Unternehmen weltweit zu ihrer Nachhaltigkeitsstrategie. Nach den Ergebnissen zu urteilen haben viele Investoren Schwierigkeiten, die Folgen ihres Handels offenzulegen bzw. Alternativen zu bewerten. Für das zögerliche Verhalten der Unternehmen gibt es unterschiedlichen Gründen, dazu gehören u. a. das fehlende Vertrauen in Investmentmöglichkeiten, Mangel an einheitlichen Kriterien oder verfügbaren Daten für aussagekräftige Analysen und Research-Berichten.[113] Daneben bestimmen sich viele Entscheidungen weit über Finanzerträge und Steueranreize.[114] Hieraus ergibt sich die Möglichkeit, dass Finanzinstitutionen und Regulierungsorganisationen neben ihrem Beitrag zur Transformation hin zur nachhaltigen Gesellschaft ebenso vermehrt den Fokus auf die Aufklärung und Finanzberatung des Green Investments und finanzielle Anreize setzen, um die Verbreitung der grünen Finanzprodukte effektiv zu fördern.

Neben den Standards gibt es noch weitere Möglichkeiten, Green Investments zu fördern. Dazu zählen in erster Linie die Integration der ESG-Kriterien, der ESG-Scoring-Modelle, die Verbreitung der ESG-Ratings oder des FNG-Siegels für Finanzanlagen durch unabhängigen Rating Agenturen. Der Zuwachs der global verwalteten Vermögenswerte unter Einbeziehung des ESG lag Ende 2018 bei 31% - rund 9 Mrd. USD. Hierin wird die Wichtigkeit der ESG-Kriterien für nachhaltige Unternehmen sehr deutlich. Für die Vermarktung der Unter-

---

[113] Vgl. o. V. (2019), https://www.wiwo.de (abgerufen am 22.7.2019 - Dokument 38 der CD).
[114] Vgl. o. V. (2018), https://www.firmenkunden.hsbc.de (abgerufen am 28.8.2019).

nehmensstrategie steht für Herrn Klein, Managing Partner und Portfolio Manager der ESG Portfolio Management GmbH in erster Linie die Erreichung der höchsten Qualitätsstufe seiner Produkte. Demzufolge kann eine solche Auszeichnung durch ein ESG-Rating oder FNG Siegel erreicht werden. Eine Auszeichnung wie diese vergleicht Herr Klein mit einem Bio-Gütesiegel[115], welches für Investoren als ausschlaggebendes Entscheidungskriterium dienen soll. ESG-Ratings werden von international anerkannten und unabhängigen Rating Agenturen wie MSCI oder Moody´s vergeben. Des Weiteren empfehlt Herr Klein die besondere Auszeichnung der FNG – das FNG-Siegel gewährleistet einen Qualitätsstandard von nachhaltigen Geldanlagen und erfüllt die Mindestanforderungen nach internationalen Normen. Für die Erlangung müssen Fondsgesellschaften nicht nur umfangreiche Daten liefern, sondern alle Mindestanforderungen und Stufenmodelle erfüllen. Aufgrund des umfangreichen Bewertungsprozesses und Ratingverfahrens – etwa im Hinblick auf die Mittelverwendung – erhalten nur wenige Investmentfonds das FNG-Siegel. Daraus erkennen Anleger nachhaltig und grün wirtschaftende Fonds am besten. Das Einholen eines Nachhaltigkeitsratings eines Finanzproduktes ist durchaus mit Aufwand und Kosten verbunden. Nach Ansicht von Herrn Klein sollen nachhaltige Unternehmen, die ohnehin auf den Kapitalmarkt zusteuern und sich langfristig international aufstellen möchten, das nötige Kapital für die Auszeichnungen aufbringen, um sich durch Ratings und Gütesiegel von Greenwashing Unternehmen klar abheben zu können. Ebenso wäre es begrüßenswert, wenn sich der Finanzmarkt für ein international anerkannter

---

[115] Auf die Bedeutung der Bio-Gütesiegel wird im Abschnitt 3.1.2 näher eingegangen.

Standard in naher Zukunft festlegen würde, um ein gutes Stück an Transparenz zu erreicht.[116]

4.5 Herausforderungen für den Green-Finance-Markt

Deutsche Corporates halten sich nach wie vor zurück. Nur wenige deutsche Banken haben im vergangenen Jahr den Green-Finance-Markt betreten.[117] Im Rahmen einer Umfrage mit 113 Treasury-Chefs in Deutschland können sich 58% der Befragten vorstellen, in nachhaltigen Investments zu investieren und nur 2% haben sich diesem Schritt bereits gestellt. 40% der Finanzverantwortlichen zeigten Skepsis und können sich aktuell noch nicht vorstellen, in den Green-Finance-Markt einzusteigen. Der Grund hierfür sind etwa die fehlenden Finanzvorteile und Entwicklungsperspektiven, denn viele sind der Meinung, dass der Finance Markt noch nicht ausgereift sei. 53% der Befragten sehen eine größere Hürde in breiteren Nutzungsmöglichkeiten.[118] Das Green-Finance-Geschäftsmodell wird noch als unausgereiftes Modell wahrgenommen, nimmt jedoch langsam sein Platz auf dem Finanzmarkt ein, was sich in der Marktentwicklung widerspiegelt.[119] Die Entwicklung der nachhaltigen Kapitalanlage, „was bescheiden mit ethischen Kapitalanlagen kirchlicher und karitativer Organisation in den USA anfing, ist heute ein international ernstzunehmender Markt".[120] Das weltweit verwaltete Kapitalvermögen

---

[116] Vgl. Klein, Christopher (2019), Experteninterview im Anhang, Seite XIII.
[117] Vgl. Kögler, Antonia (2019), https://www.finance-magazin.de (abgerufen am 29.7.2019 - Dokument 21 der CD).
[118] Vgl. Aufmacher (2019), S. 1.
[119] O. V. (2018), http://www.gsi-alliance.org (abgerufen am 28.8.2019 - Dokument 33 der CD).
[120] Gerth, Martin (2008), S. 70.

besteht laut European Social Investment Forum (Eurosif) Studie, größtenteils aus Pensionsfonds und anderen institutionellen Unternehmen und zeichnet weiterhin ein stetiges Wachstum.[121]

Die Nachfrage- und Investitionsbereitschaft der Marktakteure, stehen dem Green-Finance-Markt bereits zur Verfügung. Was bisher fehlt, sind klare Definitionen, Rahmenrechtlinien und Transparenz für Investoren. Die Antwort auf die Frage, was grün oder nachhaltig ist bleibt bisher unbeantwortet, wodurch viele Marktteilnehmer in großen Teilen für sich definieren müssen. Finanzielle Entscheidungen werden heute umweltbewusster und klimafreundlicher getroffen und basieren nicht ausschließlich auf Profit, was beweist, dass der Markt durchaus nachhaltig ist. Die größte Herausforderung für den Green-Finance-Markt liegt vermutlich in der Kontrolle und Mittelverwendung für nachhaltige Projekte. Dabei ist es wichtig, dass private und staatliche Geldmittel tatsächlich nachhaltig investiert und umgesetzt werden. Der Schlüsselfaktor ist die Verwendung und Einsatz des Kapitals unter ethisch-ökologischen sozialen und nachhaltigen Aspekten. Dies bedeutet, dass alle Anlageoptionen die genannten Aspekte erfüllen müssen, was durchaus zu Realisierungseinschränkungen der ökonomischen Ziele führen kann. Viele nicht-nachhaltige Unternehmen richten oftmals ihre eigenen Geschäftsstrategien aufgrund von Marketingzwecken nachhaltiger aus, um die Reputation ihres Unternehmens zu stärken. „In vielen Fällen dürften dahinter zwar echte Bemühungen stecken, umweltfreundlicher zu wirtschaften und dies am Markt sichtbar zu machen. Dennoch

---

[121] Vgl. o. V. (2018), http://www.eurosif.org (abgerufen am 1.9.2019 - Dokument 32 der CD).

birgt diese Motivationsanlage die Gefahr des Greenwashings - also das Bemühen, das eigene Geschäftsmodell aus Marketingzwecken nachhaltiger darzustellen, als es ist."[122] Die Green-Finance-Branche lebt von dem Versprechen, dass Kapitaleinkünfte aus nachhaltigen Geldanlagen der Schlüssel zur globalen, umweltfreundlichen und sozialgerechten Welt sind. Das birgt die Gefahr, dass Unternehmen, die von Green-Finance-Investments profitieren, anders als versprochen weder umweltfreundlich noch ethisch korrekt wirtschaften. Dabei können nachhaltige Unternehmen den use of proceeds Ansatz in ihren Geschäftsmodellen berücksichtigen, die im Zusammenhang die Mittelbestimmung und Nutzungszwecke vorschreibt, d.h. die Mittel werden unter Berücksichtigung des Green Bonds Framework ausschließlich für nachhaltige Zwecke genutzt. Somit kann das Misstrauen von Anlegern reduziert werden.[123]

Im Hinblick auf die Abgrenzungsschwierigkeiten der nachhaltigen Begriffe wie z.B. green, sustainable ethisch usw. erweist sich die Mittelverwendung als sehr problematisch. Besonders der Anspruch über die Mittelverwendung auf dem Green-Finance-Markt vielen Finanzdienstleistern oftmals große Hürden. Denn die Intransparenz der grünen Kapitalanlagen und die fehlenden Definitionen bieten Anbietern Interpretations- und Entscheidungsfreiraum für ethisch-ökologische Mittelverwendung. Aufgrund dessen kann die Intransparenz eine negative Wahrnehmung und Unglaubwürdigkeit bei Anlagern hervorrufen. Neben der Mittelverwendung nimmt die Mittelherkunft ebenso eine Sonderstellung bei Kapitalanlegern ein. Denn

---

[122] Aufmacher (2019), S. 1.
[123] Vgl. o. V. (2018), https://www.firmenkunden.hsbc.de (abgerufen am 28.8.2019 -).

nachhaltige Anleger investieren ungern in Unternehmen, deren sozialen, politischen und wirtschaftlichen Ziele nicht den eigenen Wertvorstellungen und Ansprüchen genügen. Das Gleiche gilt für Unternehmen fragwürdiger Mutterkonzerne, die über organisatorische Verflechtungen einen direkten Einfluss auf die Tochterunternehmen haben.[124]

Gleiches gilt für die Umsetzung der Aufklärungs- und Verbreitungsaufgabe, die ebenfalls eine Herausforderung für die Finanzbranche darstellt. Um noch mehr Investoren zu nachhaltigen Finanzinvestments überzeugen und bewegen zu können, müssen Anbieter von Finanzprodukten ihr Verständnis ihren Investoren vermitteln können – Transparenz sollte geschaffen werden.[125] Die Transparenz kann jedoch nur geschaffen werden, wenn klare Definitionen zum Green Finance vorliegen. Eine Durchsichtigkeit der Marktakteure gegenüber Investoren spielt eine tragende Rolle für die Effizienz des Finanzsystems. Hierin können Emittenten einen positiven Beitrag leisten, indem sie sich zu Green- und Sustainable Bond Principles der International Capital Market Associationicma (ICMA) verpflichtet sehen.[126] Diese Principles sind Leitlinien für den Green-Finance-Markt auf freiwilliger Basis und „… sollen Transparenz bei der Mittelverwendung, der Bewertung und Auswahl von Projekten sowie der Berichterstattung führen".[127] Auch die Task Force on Climate-related Financial Disclosures (TCFD) empfiehlt in seinem Endbericht 2017 eine

---

[124] Vgl. Werner, Thomas (2009), S. 39f.
[125] Vgl. o. V. (2019), https://www.bafin.de (abgerufen am 22.7.2019 - Dokument 37 der CD).
[126] Vgl. Johannsen, Kai (2019a), S. 2.
[127] O. V. (2018), https://www.firmenkunden.hsbc.de (abgerufen am 28.8.2019 - Dokument 3 der CD).

einheitliche Standardregulierung – den TCFD-Transparenzstandard –, für klimarelevante Offenlegungsrichtlinien für klimabezogene Risiken.[128] Dadurch sollen Versicherungsgesellschaften oder Kreditinstitutionen eine optimal Kapitalallokation erzielen, um ihre Finanzprodukte effizient bepreisen und Kapitalallokation erzielen zu können.[129]

Vor diesem Hintergrund müssen einheitliche Standards und Rahmenbedingungen zur Mittelverwendung auf internationaler Ebene entwickelt werden, um mehr Transparenz zu schaffen und eine aussagekräftige Beurteilung über Investitionsprojekte künftig treffen zu können. Es gibt noch viel zu tun für die boomende Branche sowie eine große Herausforderung. Solche fehlenden Voraussetzungen bleiben ein Kernproblem und Hindernis auf dem Finanzmarkt.

---

[128] Vgl. Karl Ludwig Brockmann (2017), https://www.kfw.de (abgerufen am 21.7.2019 - Dokument 19 der CD).

[129] Karl Ludwig Brockmann (2017), https://www.kfw.de (abgerufen am 21.7.2019 - Dokument 19 der CD).

5 Fazit

Die Fragestellungen im Hinblick auf diese Arbeit, ob, weshalb und in welchem Ausmaß Green Investments sinnvoll sind sowie die Bedeutung von Green-Finance-Geschäftsmodellen für den Klimawandel, konnten beantwortet werden. Aus dieser Arbeit zusammen mit den Erkenntnissen aus dem nachfolgenden Experteninterview wird deutlich, dass die Rolle der Green Finance bei vielen Unternehmen der Finanzdienstleistungsbranche sowie Banken, Versicherungen und anderen nachhaltigen Wirtschaftszweigen gewachsen ist und sogar einen hohen Stellenwert eingenommen hat. Auch wenn die Entwicklung von Green Finance noch minimal in den Kinderschuhen stecken, sind nachhaltige Investments bei vielen Unternehmen wiederzufinden und kaum noch wegzudenken. Um den Klimaveränderungen auf unserer Erde entgegenzuwirken und den Ausstoß von Treibhausgasen zu senken, müssen grüne Geldanlagen noch mehr gefördert werden. Denn trotz der globalen Dynamik lässt sich die Verbreitung von Green Finance zu wünschen übrig, was auf die Abgrenzungsschwierigkeiten der nachhaltigen Begriffe und Intransparenz von nachhaltigen Unternehmen zurückzuführen ist, wie dargelegt.

Green Investments wie etwa Green Bonds sind ein gern genutztes Finanzprodukt zur Klimafinanzierung, das missbräuchlich eingesetzt werden kann. Dabei geht es um Greenwashing, das sich als eine der größten Herausforderungen auf dem Green-Finance-Markt präsentiert. Hinter vielen Klima- und Umweltprojekten dürfen durchaus echte Bemühungen stecken, die Welt besser und umweltfreundlicher zu gestalten. Dennoch versteckt sich im Schattenlicht der vielen Motivationsanlagen oftmals Marketingpromotion, die sich in das grüne Licht stellen. Die fehlende Transparenz und Standards zur Mitteleinsatz von nachhaltigen Unternehmen erschwert weiterhin die Bekämpfung von Greenwashing. Anleger achten verstärkt darauf, wo und wie ihr Geldmittel eingesetzt werden. Die fehlende Information über die Mittelverwendung kann bei vielen eine negative Wahrnehmung und Unglaubwürdigkeit hervorrufen. Während die Aufsichtsbehörden eine int. Rahmenrichtlinie für Green Finance entwickeln, halten sich Unternehmen bei grünen Geldanlagen weiterhin zurück.

Green Finance bewegt die Welt dazu, die Transformation hin zu einer Green Economy gemäß des Pariser Abkommens voranzutreiben, um den globalen CO_2-Anstieg und Klimawandel zu verhindern. Die grüne Finanzierung wirkt sich positiv auf die Umwelt und Natur aus. Dadurch, dass bei vielen Green Investments beim gleichen Risikoappetit eine höhere Rendite generiert wird, sollen sich Finanzdienstleister die Verbreitung des Finanzproduktes zur Aufgabe machen, um noch mehr Geldmitteln für nachhaltige Projekte zu mobilisieren. Aus diesem Grund wird das Thema Green Investments zukünftig immer mehr in den Vordergrund treten. Die Chancen für den Green-Finance-Markt bestehen, darin, dass sich das Bewusstsein der Anleger, entsprechend die Geschäftsmodelle „klimafreundlich" gewandelt haben. Das alles stellt auch eine Herausforderung zugleich dar, dem Image zu genügen und noch mehr zu tun, um diese Finanzierungsmöglichkeit einen breiten Kreis nachzubringen.

6 Anhang

Anlage 1: Experteninterview zum Thema GREEN FINANCE

Interviewer: Sabine Trinh

Interviewte Person: Herr Christopher Klein

Institution: ESG Portfolio Management GmbH

Funktion des Gesprächspartners: Managing Partner und Portfolio Manager

Ort und Termin des Gesprächs: Frankfurt am Main, 15.08.2019 – 18:00-18:30 Uhr

Green Investment wird bereits aktiv von vielen Ländern zur von Finanzierung des Klimawandels und Schaffung einer Green Economy genutzt. In diesem Interview verrät uns Christopher Klein, Managing Partner und Portfolio Manager bei ESG Portfolio Management GmbH in Frankfurt am Main, was Green Finance wirklich bedeutet und wie der Green-Finance-Markt effektiv gefördert werden kann.

1. Bisher gibt es noch keine einheitliche Definition von „Green Finance". Wie würden Sie diesen Begriff definieren und was genau ist die Funktion von Green Finance auf dem Finanzmarkt?

Green Finance ist nicht der gebräuchliche Begriff und es gibt tatsächlich noch keine einheitliche Definition, wodurch weiterhin Unklarheiten bestehen. Ein Bereich, der immer mehr an Transparenz und

Standards gewinnt, ist der Bereich „Green Bonds". In naher Zukunft wird es die ersten Green Bond Zertifizierungen geben, wodurch Klarheiten geschaffen werden können. Ein Green Bond Emittent bspw. muss nachweisen, dass das geführte Projekt wirklich grün ist, um Green-Washing zu verhindern.

Green Finance sind Asset-Klassen, womöglich auch einzelne Projekte, die bisher leider noch nicht klar umrissen sind, weshalb es nur wenig Standards und Regeln gibt. Dank der PRI (Principals Responsible Investments), ist der Finanzmarkt mit dem Begriff ESG ein weiterer Schritt vorangekommen. Dazu gibt es Rating Häuser wie Moody's oder S&P, die ESG-Qualität oder ESG-Rating usw. zuweisen. Das könnte eventuell hilfreich sein und was ich jedem empfehlen kann. Wertpapiere oder Unternehmen sollen ESG-Rating bekommen, um sich noch besser auf dem Markt aufzustellen.

Natürlich sind solche Ratings mit hohen, aber dennoch überschaubaren Kosten verbunden, die in etwas zwischen 30.000 EUR und 50.000 EUR liegen. Unternehmen, die auf dem Kapitalmarkt wollen, sollten dieses Geld investieren, sowie Zeit und Arbeit für die Datenauswertung aufnehmen.

Solche Ratings sind momentan im Trend und zeigt auch die Bedeutung für nachhaltigen Investments. Die Nachfrage nach ESG-Experten von Seiten der Credit-Agenturen wie z. B. Moody's oder S&P ist sehr hoch. Das Rating Agentur Moody's erwirbt bspw. Mehrheitsbeteiligung an „Vigeo Eiris", einem weltweit führenden Anbieter von ESG-Bewertungen. Das zeigt die Bedeutsamkeit von ESG-Rating auf dem Markt.

2. Die Nachfragen nach Green und Sustainable Investments ist groß, dennoch legen viele Anleger weiterhin klassisch an. Woran könnte das liegen und welche Strategie wenden Sie für die Vermarktung an?

Länder wie Holland, Frankreich, Luxemburg oder die skandinavischen Länder sind bereits viel, viel weiter im Bereich nachhaltige Investments. Sie sind mindestens 10 Jahre voraus, d.h. sie haben Erfahrungskompetenz und legen nach ESG Standards an, während es in Deutschland nur einzelne Vorreiter wie NRW Landesbank, GLS oder Kfw gibt. Das Thema wurde in Deutschland leider noch nicht ganz verstanden, was meiner Meinung nach kaum nachvollziehbar ist, da der Klimawandel bereits stattfindet. Im Grunde genommen müssten alle den konkret CO_2 Ausstoß im eigenen Portfolio messen, um die naheliegenden Klimaprobleme zu verdeutlichen. Trotz allem ignorieren viele Marktakteure die ESG-Standards sowie Offenlegung der CO_2-Werte. Daher bin ich besonders enttäuscht über staatliche Stellen und Beamtenversorgung, wie z. B. der Nuklear-Entsorgungsfond, der im Jahr 2017 von BMWi entrichtet wurde. Der Fond für Nuklear-Entsorgung berücksichtigt nur sehr wenig besonders gute und nachhaltige Finanzprodukte kaufen, obwohl die Berücksichtigung absolut sinnvoll ist. Hier müssen die Regulierung sowie die Politik noch aktiver sein und mehr Förderung übernehmen. Hierbei sollten langfristig investierten Kapitalmittel nach ESG-Kriterien angelegt werden. Genau das fehlt mir in Deutschland und in der Praxis passiert noch viel zu wenig, um international mithalten zu können. Das ist sehr enttäuschend.

Im Bereich Green Investments passiert in DE bisher noch sehr wenig. Der deutsche Staat will Anfang 2020 die ersten Green Bonds emittieren, wobei die NRW Landesbank im März letzten Jahres einen sehr guten Green Bond mit 1,1% bis 2034 emittiert hat, die sehr guten Projekten.

Für die Vermarktung der Strategie steht für mich in erster Linie die Erreichung der höchsten Qualitätsstufe für meine Finanzprodukte. Diese sollen von einem Dritten zertifiziert und bewertet werden, wie z.B. PRI oder in dem Bsp. aufgekauftes Rating Agentur Vigeo Eiris. Dieses Jahr habe ich ein A Rating für ESG Portfolio Management im 2019 PRI Assessment Report erhalten, was eine sehr gute Leistung wiederspiegelt. Daran sollen Anleger erkennen, dass mein Portfolio tatsächlich unabhängig vom Dritten geprüft und bewertet wurde. Das soll Reputation und Vertragen schaffen. Eine weitere Vermarktungsstrategie, worauf ich noch mehr Wert lege, ist das FNG-Siegel – Forum nachhaltige Geldanlagen mit Sitz in Berlin. Sie machen die strengsten Nachhaltigkeitsprüfung überhaupt und das Siegel wird jährlich verliehen. Bisher haben ca. 65 Fonds eine Auszeichnung bekommen. Dieses Jahr werden es ca. 100 Auszeichnungen geben. Wie Sie merken, ist die Anzahl sehr gering, welche der strengen Prüfung geschuldet ist. Ich selbst habe mich dieses Jahr beworben. Der Prüfungsprozess ist sehr, sehr aufwendig. Die Prüfung wird unabhängig von der Universität Hamburg abgelegt. Die Abfrage deckt quasi alles ab, von Daten, hin zur Implementierung, über Engagement usw. Das FNG Siegel gewährleistet einen Qualitätsstandard von nachhaltigen Geldanlagen und erfüllt die Mindestanforderungen nach internationalen Normen. Das FNG ist zu vergleichen wie das BIO-Siegel, geprüft durch die unabhängigen Dritten zur Förderung des nachhaltigen Investmentmarkts. Wodurch Zeit- und Kostenaufwand für Anleger und Fondsanbieter erspart bleiben. Das ist für mich die höchste Priorität diesen Siegel für meine Fonds zu bekommen und das ist meiner

Meinung nach das zentrale Marketingargument für alle ESG-Unternehmen.

3. Die uneinheitliche Definition von Green Finance lässt Raum für „Greenwashing". Wie werden grüne/nachhaltige Unternehmen in Ihrem Unternehmen gefiltert und welche Kriterien spielen dabei eine wichtige Rolle?

Dazu gehören unter anderem

- das ESG-Rating,
- Kontroversen,
- die Ausschlusskriterien, ob überhaupt in das Unternehmen investieren darf, dazu gibt es eine sehr lange Liste von FNG, die für das FNG Siegel verlangt wird,
- das SDG-Impact - Welchen positiven Beitrag leistet wirklich die SDGs? Diese sollen quantifizierbar sein. Dazu empfehle ich die MSCI, die sehr strenge Bewertung vergeben, dennoch überzeugen mich die Methode, die angewendet wird.
- der CO_2 Ausstoß, spricht wie sind die Werte im Vergleich zu Benchmark oder Sektor aufgestellt. Noch wichtiger ist die Dynamik im Zeitablauf, spricht, wie sehr bemüht sich das Unternehmen, um den Ausstoß zu verringern.

Verwenden Sie ein internes Rating-System im Unternehmen?

Ja, ich verwende ein selbst gebautes, internes Credit-Rating- System mit Berücksichtigung von den ESG-Faktoren bei der Auswahl von Finanzprodukte. Soweit funktioniert das sehr gut, dennoch bevorzuge ich die Ratings der ESG-Agenturen. Ich mache am Ende gerne noch ein Plausi-Check, um die Sicherheit meiner Fonds zu erhöhen.

4. Wo liegen Ihrer Meinung nach die größten Herausforderungen bei der Kundengewinnung durch Green Investments?

Meiner Meinung nach bleibt uns auf Grund des Klimawandels nicht mehr

viel Zeit. Daher sind die Mitwirkung und Zusammenarbeit sowohl von Investoren, Finanzinstitute als auch Regulierung und Politik enorm wichtig. Für viele Anleger ist der Begriff Green Investments noch unklar. Für Investoren, die Green Investments schon einmal gehört haben, müssen

5. Wie würden Sie die künftige Entwicklung des Green-Finance-Markt einschätzen?

Es gibt durchaus herausragende Investoren, wie die norwegische Staatsfonds oder Church of England, die sich großartig für das Green-Finance-Markt engagieren. Dabei kann die Kommunikation mit Unternehmen der Schlüssel zum Erfolg sein. Ich wünsche mir sehr, dass noch mehr Investoren und nachhaltige Unternehmen langsam nachziehen, um das Green-Finance-Markt voranzutreiben. In Deutschland bewegt sich alles nur sehr langsam, aber wir sind auf dem richtigen Weg.

Literatur- und Quellenverzeichnis

Ahrend, Klaus-Michael (Hrsg.) (2016): Geschäftsmodell Nachhaltigkeit. Ökologische und soziale Innovationen als unternehmerische Chance, Springer Berlin Heidelberg

Aufmacher (2019): So bewerten Treasurer grüne Finanzierungen, in: Der Treasurer, H. 10, S. 2–10

Bankenverband (2019): Nachhaltige Geldanlage. Ergebnis einer Online-Umfrage im Auftrag des Bundesverbands deutscher Banken, https://bankenverband.de/media/files/2019_06_13_Charts_NGA-Umfrage.pdf (abgerufen am 24.7.2019 - Dokument 1 der CD)

Berensmann, Kathrin/Lindenberg, Nannette (2016): Green Finance: Akteure, Herausforderungen und Politikempfehlungen, https://www.econstor.eu/bitstream/10419/200020/1/die-aus-2016-14.pdf (abgerufen am 27.7.2019 - Dokument 2 der CD)

Blume, Jacob (2019): Nachhaltiges Investment: Deutschland prüft die Ausgabe der ersten grünen Bundesanleihe, in: Handelsblatt vom 10.5.2019

Carlowitz, Hans Carl/Hamberger, Joachim (Hrsg.) (2013): Sylvicultura oeconomica. Oder hauswirthliche Nachricht und Naturmäßige Anweisung zur Wilden Baum-Zucht, Oekom

Cherifi, Natasha (2018): Von der Nischenstrategie zum Mainstream der Finanzmärkte: Was ist Sustainable Finance? - Frankfurt Main Finance, https://frankfurt-main-finance.com/von-der-nischenstrategie-zum-mainstream-der-finanzmaerkte-was-ist-sustainable-finance/ (abgerufen am 14.8.2019 - Dokument 4 der CD)

COMM/DG/UNIT (2017): Konzept der EU für nachhaltige Entwicklung, https://ec.europa.eu/info/strategy/international-strategies/sustainable-development-goals/eu-approach-sustainable-development_de (abgerufen am 30.7.2019 - Dokument 5 der CD)

CSR-in-deutschland: CSR - Nachhaltigkeit und CSR, https://www.csr-in-deutschland.de/DE/Was-ist-CSR/Grundlagen/Nachhaltigkeit-und-CSR/nachhaltigkeit-und-csr.html (abgerufen am 2.8.2019 - Dokument 6 der CD)

Dittrich, Simone/Gloger, Anne-Marie/Masri, Raschid et al. (2019): Marktbericht Nachhalitge Geldanlage 2019, https://www.forum-ng.org/images/stories/Publikationen/fng-marktbericht_2019.pdf (abgerufen am 9.8.2019 - Dokument 7 der CD)

Duden: Duden | Nachhaltigkeit | Rechtschreibung, Bedeutung, Definition, Herkunft, https://www.duden.de/rechtschreibung/Nachhaltigkeit (abgerufen am 30.7.2019 - Dokument 8 der CD)

European Commission (2018): Action Plan: Financing Sustainable Growth, https://www.true-sale-international.de/fileadmin/tsi_gmbh/tsi_downloads/TSI_kompakt/EU_Action-plan_GF_CELEX_52018DC0097_EN_TXT.pdf (abgerufen am 20.8.2019 - Dokument 9 der CD)

EXPORO: Institutionelle Investoren (abgerufen am 7.8.2019 - Dokument 10 der CD)

EXPORO (2019): Nachhaltige Geldanlagen - Das grüne Investment. Sicherheit und Redite treffen das grüne Gewissen, https://exporo.de/blog/nachhaltige-geldanlagen/ (abgerufen am 22.7.2019 - Dokument 11 der CD)

Finthammer, Volker (2019): Grüne Bundesanleihen - Deutschland prüft Schuldtitel für nachhaltige Projekte, https://www.deutschlandfunk.de/gruene-bundesanleihen-deutschland-prueft-schuldtitel-fuer.766.de.html?dram:article_id=455638 (abgerufen am 9.8.2019 - Dokument 12 der CD)

FNG (2013): GLOBAL SUSTAINABLE INVESTMENT ALLIANCE – GSIA, https://www.forum-ng.org/de/aktuelles/aktivitaeten/aktivitaeten/212-global-sustainable-investment-alliance-gsia.html (abgerufen am 28.8.2019 - Dokument 13 der CD)

FNG (2019): Der nachhaltige Anlagemarkt in Deutschland, https://www.forum-ng.org/de/fng/aktivitaeten/980-fng-marktbericht-nachhaltige-geldanlagen-2018-deutschland.html (abgerufen am 9.8.2019 - Dokument 14 der CD)

Frühauf, Markus (2019): Das Grüne Ökosystem am Finanzplatz Luxemnburg, in: FAZ vom 19.8.2019

Gerth, Martin (2008): Die Geldverbesserer. Grüne Investments - Das Prinzip des doppelten Gewinns, FinanzBuch-Verl.

Görgen, Frank/Rosar, Maximilian (2013): Bankbetriebslehre

Hafenstein, Andrea (2016): Nachhaltigkeitsinformationen in der Anlageentscheidung, Springer Fachmedien Wiesbaden

Hecking, Claus (2019): Größter Staatsfonds der Welt. Die Öl-Nation Norwegen wird immer grüner, https://www.spiegel.de/wirtschaft/soziales/norwegen-staatsfonds-investiert-mehr-in-gruene-technologien-a-1271972.html (abgerufen am 26.7.2019 - Dokument 15 der CD)

o. V. (2018): HSBC Sustainable Financing and ESG Investing Report, https://www.firmenkunden.hsbc.de/de-de/sustainable-finance (abgerufen am 28.8.2019 - Dokument 3 der CD)

Johannsen, Kai (2019a): Auf dem Sprung. Grüne und nachhaltige Geldanlagen sind keine Nische mehr, sie werden immer mehr zum Mainstream. Sie stehen vor enorm hohen Wachstumsraten in den nächsten Jahren. vom 3.5.2019, https://www.wiso-net.de/document/REND_2019084828 (abgerufen am 2.8.2019 - Dokument 16 der CD)

Johannsen, Kai (2019b): Green Bonds sind eine Erfolgsstory, in: Börsen-Zeitung vom 9.5.2019, https://www.boersen-zeitung.de/index.php?li=1&artid=2019088089&titel=Green-Bonds-sind-eine-Erfolgsstory (abgerufen am 9.8.2019 - Dokument 17 der CD)

Johannsen, Kai (2019c): Der Bund wird grün, in: Börsen-Zeitung vom 12.8.2019, https://www.boersen-zeitung.de/index.php?li=1&artid=2019089091&titel=Der-Bund-wird-gruen (abgerufen am 10.08.2019 - Dokument 18 der CD)

Karl Ludwig Brockmann (2017): Green Finance - Green Banking, https://www.kfw.de/PDF/Download-Center/Konzernthemen/Research/PDF-Dokumente-Fokus-Volkswirtschaft/Fokus-2017/Fokus-Nr.-189-Dezember-2017-Green-Finance.pdf (abgerufen am 21.7.2019 - Dokument 19 der CD)

Karrenbrock, an (2019): Was Anleger bei ESG-Ratings beachten sollten, https://www.private-banking-magazin.de/nachhaltige-anlagen-was-anleger-bei-esg-ratings-beachten-sollten/ (abgerufen am 9.8.2019 - Dokument 20 der CD)

Klein, Christopher (2019): Experteninterview zum Thema Green Finance im Anhang, Portfolio Manager, ESG Portfolio Management GmbH, Frankfurt am Main, 15.08.2019, 18:00-18:30 Uhr.

Kögler, Antonia (2019): Green Finance kommt 2018 nicht vom Fleck, https://www.finance-magazin.de/finanzierungen/alternative-finanzierungen/green-finance-kommt-2018-nicht-vom-fleck-2030161/ (abgerufen am 29.7.2019 - Dokument 21 der CD)

Lexikon der Nachhaltigkeit (2015): Socially Responsible Investment - (SRI), https://www.nachhaltigkeit.info/artikel/sri_socially_responsible_investment_1610.htm (abgerufen am 5.8.2019 - Dokument 22 der CD)

Lindenberg, Nannette (2014): Definition of Green Finance, https://www.cbd.int/financial/gcf/definition-greenfinance.pdf (abgerufen am 27.7.2019 - Dokument 23 der CD)

Nicolas Mackel (2019): Finanzplatz Luxemburg: die richtigen Antworten geben, in: Zeitschrift für das gesamte Kreditwesen, H. 11, S. 536

o. V. (o. J.): Bundesregierung will Deutschland zu einem führenden Sustainable-Finance-Standort machen, https://www.bundesregierung.de/breg-de/aktuelles/bundesregierung-will-deutschland-zu-einem-fuehrenden-sustainable-finance-standort-machen-1584002 (abgerufen am 3.9.2019 - Dokument 24 der CD)

o. V. (o. J.): Business-Model Definition, https://www.gruenderszene.de/lexikon/begriffe/business-model?interstitial (abgerufen am 23.8.2019- Dokument 25 der CD)

o. V. (o. J.a): CSR - Branchen, https://www.csr-in-deutschland.de/DE/Unternehmen/Branchen/branchen.html (abgerufen am 8.8.2019 - Dokument 26 der CD)

o. V. (o. J.b): CSR- Lieferketten fair und umweltgerecht gestalten, https://www.csr-in-deutschland.de/DE/Unternehmen/Unternehmensbereiche/Beschaffung-und-Lieferketten/lieferketten-fair-und-umweltgerecht-gestalten.html (abgerufen am 8.8.2019 - Dokument 27 der CD)

o. V. (o. J.): Folgen des Klimawandels, https://www.umweltbundesamt.de/themen/klima-energie/klimafolgen-anpassung/folgen-des-klimawandels-0#textpart-1 (abgerufen am 11.8.2019 - Dokument 28 der CD)

o. V. (o. J.): Viele kleine Leute in vielen kleinen Orten, die viele kleine Dinge tun…, https://www.aphorismen.de/zitat/17090 (abgerufen am 8.8.2019 - Dokument 29 der CD)

o. V. (o. J.): Was ist CO2? Definition, Entstehung & Einfluss aufs Klima, https://www.co2online.de/klima-schuetzen/klimawandel/was-ist-co2/ (abgerufen am 12.8.2019 - Dokument 30 der CD)

o. V. (2015): Finanzsystementwicklung für umwelt- und klimaorientierte Investitionen (Green Finance). BMZ-Positionspapier, https://www.bmz.de/de/mediathek/publikationen/reihen/strategiepapiere/Strategiepapier415_09_2017.pdf (abgerufen am 9.8.2019 - Dokument 31 der CD)

o. V. (2018): European SRI 2018 Study, http://www.eurosif.org/wp-content/uploads/2018/11/European-SRI-2018-Study.pdf (abgerufen am 1.9.2019 - Dokument 32 der CD)

o. V. (2018): Global Sustainable investments review 2018, http://www.gsi-alliance.org/wp-content/uploads/2019/06/GSIR_Review2018F.pdf (abgerufen am 28.8.2019 - Dokument 33 der CD)

o. V. (2018): Green Finance – Strategien und Instrumente zur Finanzierung des ökologischen Modernisierungsprozesses | Ecologic Institut: Wissenschaft und Forschung für eine nachhaltige Welt, https://www.ecologic.eu/de/11838 (abgerufen am 13.8.2019 - Dokument 34 der CD)

o. V. (2019): A call for action. Climate chance as a source of finacial risk, https://www.true-sale-international.de/fileadmin/tsi_gmbh/tsi_downloads/TSI_kompakt/ngfs_first_comprehensive_report_17042019.pdf (abgerufen am 20.8.2019 - Dokument 35 der CD)

o. V. (2019): Geldvermögensbildung und Außerfinanzierung in Deutschland im ersten Quartal 2019. Sektorale Ergebnisse der gesamtwirtschaftlichen Finanzierungsrechnung, https://www.bundesbank.de/de/presse/pressenotizen/geldvermoegensbildung-und-aussenfinanzierung-in-deutschland-im-ersten-quartal-2019-801984 (abgerufen am 28.7.2019 - Dokument 36 der CD)

o. V. (2019): Nachhaltigkeit. Chancen und Risiken für den Finanzsektor, https://www.bafin.de/SharedDocs/Downloads/DE/BaFinPerspektiven/2019/bp_19-2_sustainable_finance.pdf;jsessionid=5027DC1569A3B3214DA2815D8E84C103.2_cid381?__blob=publicationFile&v=8 (abgerufen am 22.7.2019- Dokument 37 der CD)

o. V. (2019): Sustainable Finance: Kapitalmärkte setzen auf Grün, https://www.wiwo.de/downloads/19974172/4/hsbc_sustainable_finance_kapitalmaerkte_setzen_auf_gruen_final.pdf (abgerufen am 22.7.2019 - Dokument 38 der CD)

o.V. (o. J.): ESG - Environmental and Social Governance - Richtlinien, http://www.nachhaltig-investieren.org/esg-environmental-and-social-governance.php (abgerufen am 12.8.2019- Dokument 39 der CD)

o.V. (2019): Die Agenda 2030 für nachhaltige Entwicklung, http://www.bmz.de/de/ministerium/ziele/2030_agenda/index.html?follow=adword (abgerufen am 3.8.2019 - Dokument 40 der CD)

o.V. (2019): Green und Sustainable Finance rufen auch die BaFin auf den Plan, https://www.tsi-kompakt.de/2019/08/green-und-sustainable-finance-rufen-auch-die-bafin-auf-den-plan/ (abgerufen am 19.8.2019 - Dokument 41 der CD)

Presse- und Informationsamt der Bundesregierung (2019): Agenda 2030 ambitionierter umsetzen

Riedel, Stefan (2019): Grüne Rendite. NACHHALTIGE INVESTMENTS Ökologisch und ethisch vertretbare Anlagen sind in der Finanzwelt weiter auf dem Vormarsch, in: Börse Online, H. 21, S. 14–16

Schadwinkel, Alina (2017): Klimawandel: Mit Fakten gegen jeden Zweifel, https://www.zeit.de/wissen/umwelt/2017-05/klimawandel-erderwaermung-co2-meeresspiegel-fakten-beweise (abgerufen am 12.8.2019 - Dokument 42 der CD)

Schäfer, Kristina (2019): 'Wir Banken haben unsere Rolle in der Gesellschaft verloren', in: WirtschaftsWoche online 19.07.2019 um 17:25:00 Uhr

Verbraucherzentrale (2019): Ethisch-ökologisch anlegen und vorsorgen – so funktioniert's | Verbraucherzentrale.de, https://www.verbraucherzentrale.de/wissen/geld-versicherungen/nachhaltige-geldanlage/ethischoekologisch-anlegen-und-vorsorgen-so-funktionierts-11071 (abgerufen am 25.7.2019 - Dokument 43 der CD)

Wenzel, Eike/Kirig, Anja/Rauch, Christian (2008): Greenomics: wie der grüne Lifestyle Märkte und Konsumenten verändert, Redline Wirtschaft

Werner, Thomas (2009): Ökologische Investments, Gabler

Will Kenton (2019): Ethical Investing, https://www.investopedia.com/terms/e/ethical-investing.asp (abgerufen am 5.8.2019 - Dokument 44 der CD)

Wunder, Thomas (Hrsg.) (2017): CSR und Strategisches Management, Springer Berlin Heidelberg